LE MONDE SELON CHURCHILL

DU MÊME AUTEUR

Les Jeux de la guerre et du hasard, Hachette, 1977.
La Guerre du fer, Tallandier, 1987.
Winston Churchill : le pouvoir de l'imagination, Tallandier, 2001
    et 2009.
(Prix Hossegor de la biographie 2001, Grand prix d'histoire de
    la Société des Gens de Lettres de France 2001, Grand Prix
    de la biographie politique 2009)
De Gaulle et Churchill : la mésentente cordiale, Perrin, 2001.
Winston Churchill, Le Mémorial de Caen, 2002.
Churchill et Monaco, Éditions du Rocher, 2002.
Churchill contre Hitler : Norvège 1940, Tallandier, 2002.
Staline, Le Mémorial de Caen, 2003.
MacArthur, Le Mémorial de Caen, 2003. (En anglais seulement)
De Gaulle et Roosevelt : le duel au sommet, Perrin, 2004.
(Prix Henri Malherbe 2005, prix Maurice Baumont 2005)
Franklin Roosevelt, Le Mémorial de Caen, 2005.
L'Affaire Cicéron, Perrin, 2005.
Lord Mountbatten, l'Étoffe des Héros, Payot, 2006.
(Prix Guillaume le Conquérant 2006)
Hermann Goering, le deuxième homme du Troisième Reich,
    Perrin, 2009.
Hitler, Collection « Les Maîtres de Guerre », Perrin, 2011.
Les Secrets du IIIe Reich, Perrin, 2013.

FRANÇOIS KERSAUDY

LE MONDE SELON CHURCHILL

*Sentences, confidences,
prophéties et reparties*

TEXTO
Le goût de l'histoire

© Éditions Tallandier, 2011 et 2014 pour la présente édition
2, rue Rotrou – 75006 Paris
www.tallandier.com

INTRODUCTION

En 1940, à un âge où les mortels ordinaires prennent leur retraite, Winston Churchill effectue une entrée fracassante sur la scène de l'Histoire, où il n'a cessé de jouer les seconds rôles pendant près d'un demi-siècle. Depuis son île menacée d'invasion, défendue par une douzaine de divisions sévèrement étrillées et pratiquement désarmées, un prodigieux lutteur défie le rouleau compresseur qui vient d'écraser la moitié de l'Europe. Cinq années durant, il va tenir le devant de la scène, et en vérité, il ne le quittera jamais plus. Le secret de son succès ? Un quart de volonté, un quart d'imagination, un quart d'humour et un quart de whisky – sans oublier l'essentiel : une conception très personnelle de l'ordre du monde, qu'il ne cessera d'exprimer avec un talent inimitable à chaque instant de son existence. Ses souvenirs, ses projets, ses avertissements, ses visions, ses saillies, ses confidences et ses reparties sont autant de clés pour comprendre le monde de Winston Spencer-Churchill, le plus célèbre inconnu du XXe siècle. Pourquoi s'en priver ?

Les propos de Winston Churchill s'étendent sur trente-sept ouvrages, quatre cents articles, trois mille discours, et se prolongent dans près d'un millier de livres écrits par de proches collaborateurs, amis, témoins, militaires et hommes d'État étrangers. Le choix est si grand, la richesse du verbe si prodigieuse, que le fait de sélectionner les six cents meilleurs passages a constitué un cruel dilemme : ce qu'il était nécessaire d'exclure était tout aussi passionnant que ce qu'il était possible d'inclure…

Quelle que soit la passion du monde littéraire actuel pour la fiction débridée, il reste que la réalité historique exerce sur l'esprit une toute autre fascination. Qui peut demeurer indifférent aux considérations d'un des plus grands hommes d'État du XXᵉ siècle – et prix Nobel de littérature – sur le destin, sur la politique, sur la guerre, sur Hitler, sur la France, sur de Gaulle, sur l'alcool, sur les femmes, sur l'histoire ou sur la mort ? Qui peut résister à l'humour*, à l'éloquence et à l'instinct prophétique de sir Winston Churchill ? Il sera intéressant de le découvrir...

---

* Tous les traits d'humour de Winston Churchill ne sont pas traduisibles. Ainsi, cette allusion à un personnage assez peu distingué qui venait d'être élevé à la pairie : « *It's not a peerage, but a disappearage !* » ; ou bien cette instruction à son ministre des Affaires étrangères de pousser la Turquie à entrer en guerre à la fin de 1943 : « *Tell the Turkey that Christmas is coming* » ; ou enfin son admirable définition du député : « *He is asked to stand, he would like to sit and he is expected to lie.* » Par chance, ce sont là des exceptions...

Chapitre premier

AUTOPORTRAIT

15 février 1941, à un invité qui vient de visiter la pièce où Churchill est né, au château de Blenheim :

« Oui, c'est moi qui l'ai choisie. Ma mère voulait que je naisse à Londres, mais j'étais d'un autre avis, et je suis arrivé un mois avant terme*, pendant qu'elle séjournait à Blenheim[1]. »

Souvenirs de jeunesse :

« Ma mère brillait à mes yeux comme l'étoile du soir. Je l'aimais tendrement… mais de loin[2]. »

Premier contact avec l'école, 1881 :

« Après tout, je n'avais que sept ans, et j'avais été si heureux dans ma nursery, avec tous mes jouets. […] À présent, il n'y avait plus que des leçons : sept ou huit heures par jour, avec du football et du cricket en plus. […] Quand ni ma raison, ni mon imagination, ni mon intérêt n'étaient sollicités, je ne voulais ou ne pouvais apprendre[3]. »

---

* C'est la version officielle qui avait cours dans la famille Churchill. Les parents de Winston s'étant mariés sept mois plus tôt seulement, il importait de sauvegarder les apparences au beau milieu de l'ère victorienne…

À douze ans, lettre à sa mère :

« Lorsque je n'ai rien à faire, ça ne me gêne pas de travailler un peu, mais lorsque j'ai le sentiment qu'on me force la main, c'est contraire à mes principes[4]. »

Au collège de Harrow, un écolier résolument difficile :

« Les sujets auxquels les examinateurs étaient le plus attachés étaient ceux qui me plaisaient le moins. […] J'aurais aimé qu'on me demande ce que je savais, tandis qu'ils me demandaient toujours ce que je ne savais pas. Alors que j'aurais volontiers étalé ma science, ils s'efforçaient de faire ressortir mon ignorance[5]. »

Pendant que les élèves brillants apprennent le latin et le grec, il faut bien occuper les cancres. Le collège en charge un vieux professeur d'anglais, M. Somervell :

« Il avait pour tâche d'enseigner aux élèves les plus stupides la matière la plus déconsidérée : comment écrire l'anglais, tout simplement. Il savait s'y prendre ; il l'enseignait comme personne ne l'a jamais enseignée. […] C'est ainsi que j'ai assimilé la structure fondamentale de la phrase anglaise, qui est une noble chose[6]. »

Après le collège de Harrow, Winston intègre l'école militaire de Sandhurst, d'où il sortira sous-lieutenant en novembre 1894 :

« Au lieu de figurer dans les derniers de la promotion, presque par charité, j'en suis sorti huitième sur cent cinquante.

Je le mentionne parce que cela montre que j'étais capable d'apprendre suffisamment vite les choses importantes[7]. »

Winston a pour son père Randolph une affection et une admiration sans limites. Ces sentiments ne sont manifestement pas réciproques :

« Il ne m'écoutait jamais. […] Aucune camaraderie n'était possible avec lui, malgré tous mes efforts. […] Il me traitait comme un idiot* ; il aboyait dès que je lui posais une question. Je dois tout à ma mère, rien à mon père[8]. »

Lord Randolph meurt le 24 janvier 1895, des suites d'une syphilis mal soignée – un décès qui laisse son fils inconsolable :

« Ainsi se dissipaient tous mes rêves d'entretenir avec lui des relations de camaraderie, d'entrer au Parlement à ses côtés et d'y soutenir son action. Il ne me restait plus guère qu'à poursuivre sa tâche et à défendre sa mémoire[9]. »

En novembre 1895, le sous-lieutenant de hussards Churchill se rend à Cuba, où les Espagnols luttent contre la guerilla indépendantiste cubaine :

« À mes yeux de jeune homme, ce devait être une expérience exaltante et fantastique que d'entendre les balles siffler dans toutes les directions, et de jouer à cache-cache d'un instant à l'autre avec la mort et les blessures. De plus, puisque

---

* C'est exact. Le 5 juillet 1893, lord Randolph Churchill, ancien chancelier de l'Échiquier et étoile montante du parti conservateur, avait écrit à sa mère, la vieille duchesse de Marlborough : « Je vous l'ai souvent dit : […] Winston ne peut guère prétendre posséder d'intelligence, de connaissances, ou une quelconque aptitude à fournir un travail régulier. »

j'avais assumé des obligations professionnelles dans le domaine militaire, je ressentais le besoin d'une répétition privée, [...] afin de m'assurer que l'épreuve correspondait vraiment à mon tempérament. [...] Lorsque, dans la faible lumière de l'aube, j'ai jeté mon premier regard sur les rivages de Cuba, j'ai eu l'impression [...] de découvrir l'Île aux Trésors. C'était là que tout pouvait arriver ; c'était là que quelque chose allait sûrement arriver ; c'était là que je pouvais laisser mes os [10]. »

Au printemps de 1896, Churchill est invité à une réception en l'honneur du Prince de Galles, le futur Édouard VII :

« C'était un grand honneur pour un sous-lieutenant. [...] J'avais conscience du fait qu'il me fallait avoir une conduite irréprochable : être ponctuel, humble, réservé, bref, faire montre de toutes les qualités dont j'étais le moins doté [11]. »

Envoyé à Bangalore avec son régiment, Churchill s'est porté volontaire pour participer à la campagne contre les féroces guerriers Mamund, sur la frontière nord-ouest de l'Inde. Le 29 août 1897, il écrit à sa mère :

« Tout bien considéré, je pense que le fait d'avoir servi dans l'armée britannique pendant ma jeunesse me donnera plus de poids politiquement [...] et améliorera peut-être mes chances de devenir populaire dans le pays*. [...] En outre, étant intrépide de tempérament, je me divertirai moins en dépit qu'à cause des risques que je courrai [12]. »

---

* Ayant l'ambition d'entrer au Parlement comme son père, Churchill est convaincu que le plus sûr moyen d'y parvenir est d'acquérir une réputation d'héroïsme et de recevoir de nombreuses médailles — d'où ses efforts incessants pour participer aux plus durs combats et s'y distinguer.

À sa mère, qui lui recommande de ne pas trop se vanter, 2 décembre 1897 :

« Pour ce qui est de me vanter, je ne le fais que devant mes amis. Ils comprennent et me pardonnent ma vanité[13]. »

À son frère cadet Jack, 2 décembre 1897 :

« Ayant été lâche à bien des égards – surtout à l'école –, je n'ai pas d'ambition plus grande que celle de gagner une réputation d'homme courageux[14]. »

À la fin de 1897, Churchill, de retour à Bangalore, a écrit un livre sur la campagne dans le Nord-Ouest de l'Inde – The Malakand Field Force *–, et il attend avec impatience les critiques. Le 19 janvier 1898, il écrit à sa mère :*

« Ne me dis pas ce que tu penses [du livre], mais ce que tu penses que j'aimerais que tu en penses[15]. »

Août 1898. Au prix d'efforts considérables, Churchill est parvenu à se faire affecter au corps expéditionnaire de Lord Kitchener, qui a pénétré au Soudan pour affronter les armées du Mahdi devant Omdurman. Le 11 août, il écrit au capitaine Aylmer Haldane, son ancien supérieur en Inde :

« J'ai droit à une médaille et deux barrettes pour la bravoure dont j'ai fait preuve, ainsi que pour les difficultés et les dangers auxquels j'ai dû faire face avec le corps expéditionnaire du Tirah. Je suis très désireux d'accrocher le ruban sur ma poitrine lorsque j'affronterai les Derviches ici. Cela pourrait les faire réfléchir*[16]. »

Depuis Shabluka, à mi-chemin d'Omdurman, le sous-lieutenant Churchill écrit à sa mère le 24 août :

« Au cours des dix prochains jours, il y aura un engagement d'envergure, qui peut être très sévère. Il est possible que je sois tué. Je ne le pense pas. Mais si c'est le cas, tu devras t'en remettre aux consolations de la philosophie et songer à la totale insignifiance de tous les êtres humains. […] Mais je t'assure que je ne tremble pas, même si je n'accepte pas la foi chrétienne ou toute autre croyance religieuse. Rien, pas même la certitude de ma perte prochaine, ne me ferait reculer maintenant – même si je pouvais le faire avec honneur. […] J'essaie de me faire affecter à la cavalerie égyptienne, car tout en étant plus dangereuse, c'est une bien meilleure affaire du point de vue des chances de s'illustrer[17]. »

(Churchill ne sera pas affecté à la cavalerie égyptienne, mais au 21e lanciers, avec lequel il participera brillamment à la dernière grande charge de cavalerie de l'histoire devant Omdurman, le 2 septembre 1898.)

Octobre 1899 : Churchill, devenu correspondant de guerre du Morning Post, *est parvenu à rejoindre le théâtre des opérations contre les Boers en Afrique du Sud. À Estcourt, au Natal, il se confie à un confrère, le correspondant du* Manchester Guardian *J.B. Atkins :*

---

* On a bien lu : le jeune sous-lieutenant Churchill pense impressionner les Derviches pendant les combats en arborant un ruban de campagne sur son uniforme !

« Le pire de tout, c'est que mes perspectives de vie ne sont pas bonnes. Mon père est mort trop jeune. Il faut que j'accomplisse tout ce que je peux avant l'âge de quarante ans*[18]. »

Les exploits se succèdent : ayant joué un rôle décisif dans le sauvetage des blessés d'un train blindé près de Frere le 15 novembre 1899, Churchill est ensuite capturé par les Boers et emprisonné à Pretoria – d'où il s'évade dans la nuit du 11 décembre. De retour dans les lignes britanniques, il s'engage comme lieutenant dans les chevaux-légers d'Afrique du Sud, et sera dès lors un « journaliste-combattant », dont les faits d'arme et de plume vont faire le tour du monde…

« Avec toute l'inconscience de la jeunesse, je recherchais chaque miette d'aventure, chaque expérience, et tout ce qui pouvait faire un bon article[19]. »

Mais cette guerre fraîche et joyeuse est aussi extraordinairement dangereuse. Le 25 février 1900, Winston écrit à son amie Pamela Plowden :

« J'ai échappé d'extrême justesse à la mort il y a deux heures. [...] Bien qu'étant au beau milieu de l'explosion, j'ai été préservé par la providence divine. Huit hommes ont été blessés. Je me demande si nous nous en tirerons, et si je vivrai assez longtemps pour voir la fin de l'aventure[20]. »

---

* Winston, qui ne connaît pas les véritables raisons de la mort de son père, a observé que les Churchill mouraient prématurément : trois des frères de Randolph sont décédés en bas âge ; le quatrième, George, marquis de Blandford, est mort à 48 ans, et Randolph n'aura vécu que 46 ans. Winston en déduit que sa propre vie sera courte, et qu'il a peu de temps pour laisser sa marque. Le 30 novembre 1899, il écrira depuis Pretoria à son ami américain Bourke Cochran : « J'ai aujourd'hui vingt-cinq ans. Il est effrayant de penser au peu de temps qui me reste. »

Pourtant, la confiance fait rarement défaut :

« Je suis persuadé de faire ce qui est juste du point de vue de l'ordonnancement supérieur des choses, et peu m'importent les conséquences – mais je crois fermement qu'un rôle m'est réservé à l'avenir, et que je serai donc épargné*[21]. »

Le sens de l'humour ne manque pas non plus ; à un correspondant américain qui lui conseille de s'exposer moins lors des combats, il répond le 22 mars :

« Comme je suis un officier des chevaux-légers d'Afrique du Sud, il n'est pas question que je me mette hors de danger durant cette campagne. Mais je ne pense pas que les Boers s'emploient particulièrement à essayer de me tuer. Dans le cas contraire, je ne puis les féliciter pour leur adresse, car ils ont eu d'innombrables occasions de le faire, et jusqu'à présent, grâce à Dieu, ils les ont toutes manquées[22]. »

Ils continueront à les manquer jusqu'à la fin de la campagne, et Churchill rentrera en Angleterre le 4 juillet 1900, précédé d'une solide réputation de héros – qui l'aidera beaucoup à être élu député d'Oldham trois mois plus tard. Dès lors, ce très jeune député conservateur va pouvoir enfin marcher sur les traces de son père... non sans faire quelques détours en chemin : le 31 mai 1904, il quitte le parti conservateur pour rejoindre les rangs libéraux, et en janvier 1906, il devient vice-ministre des

---

* Une conviction qui revient constamment sous diverses formes ; ainsi : « J'ai été préservé par mon étrange chance, ou par la faveur du ciel – comme on voudra –, peut-être parce qu'un rôle ultérieur m'est dévolu. » Ou encore : « Je crois que Dieu m'a réservé pour de plus grandes choses. » C'est là une belle expression de confiance dans l'Éternel, surtout de la part d'un jeune homme qui n'est pas croyant...

Colonies dans le gouvernement de Campbell-Bannerman. En juillet de cette même année, il s'entretient avec la jeune Violet Asquith ; lui ayant demandé son âge, il se lance dans un monologue aussi long qu'édifiant :

« Et moi, j'ai déjà trente-deux ans. Je suis tout de même plus jeune que tous les autres gens qui comptent. [...] Maudit soit le temps impitoyable ! Maudite soit notre nature mortelle ! Comme il est cruellement court, ce temps de vie qui nous est accordé, si l'on songe à tout ce que nous avons à faire... »

Suit un torrent d'éloquence, qui se termine par cette modeste constatation :

« Nous sommes tous des vers ; mais je crois que moi, je suis un ver luisant[23] ! »

8 août 1908, lettre à la jeune Clementine Hozier, rencontrée lors d'une soirée mondaine :

« Je suis d'un naturel très autosuffisant et très peu communicatif[24]. »

(Cela ne suffira pas à décourager la belle, qui l'épousera le 12 septembre 1908...)

Le jeune marié s'absorbe rapidement dans ses dossiers ; comme ministre du Commerce, puis de l'Intérieur, il abat un travail considérable – et se mêle au passage de celui de tous ses collègues... En octobre 1911, enfin, Winston se voit offrir le ministère dont il rêvait depuis longtemps : celui de la Marine, où il pourra donner toute la mesure de ses talents :

« J'en vins à connaître l'aspect, l'emplacement et les imbrications de toutes choses, si bien que je finis par pouvoir mettre immédiatement la main sur tout ce qu'il me fallait, et que je n'ignorais plus rien de notre situation navale[25]. »

Il va bientôt en avoir besoin, car la situation s'assombrit rapidement en Europe à la suite des crises de Tanger, Agadir et Sarajevo. Le 28 juillet 1914, Churchill écrit à son épouse :

« Tout s'oriente vers la catastrophe et l'effondrement. Je suis intéressé, survolté et heureux. N'est-ce pas affreux d'être ainsi constitué ? Que Dieu me pardonne une telle légèreté. Les préparatifs [de guerre] exercent sur moi une odieuse fascination. Pourtant, je ferais tout mon possible pour la paix, et rien ne pourrait m'inciter à frapper à tort[26]. »

Le 4 août 1914, la Grande-Bretagne déclare la guerre à l'Allemagne, qui vient d'envahir la Belgique. Durant les dix mois qui suivent, le ministre de la Marine sera l'homme de la lutte à outrance, au sein d'un cabinet de guerre présidé par le très peu belliqueux Herbert Asquith. Mais en mai 1915, rendu responsable de l'échec de l'expédition des Dardanelles, Winston doit démissionner de l'Amirauté et accepter une sinécure, le poste de chancelier du duché de Lancastre :

« En quittant l'Amirauté, je restais membre du Cabinet et du conseil de Guerre. Là, j'étais informé de tout et ne pouvais rien faire[27]. »

Ne supportant plus l'inaction, le commandant de réserve Churchill part pour combattre en France le 18 novembre 1915.

Cinq jours plus tard, l'inusable quadragénaire écrit à son épouse depuis une tranchée du front de la Somme, près de Neuve-Chapelle :

« De la crasse et des détritus partout, des tombes largement éparpillées au milieu du périmètre défensif, avec des pieds et des lambeaux de vêtements qui émergent du sol, de l'eau et de la gadoue de tous côtés, [...] sous le fracas incessant des fusils et des mitrailleuses et le sifflement venimeux des balles qui passent au-dessus de nos têtes. Au milieu de ce décor, aidé par l'humidité, le froid et toutes sortes d'inconforts mineurs, j'ai trouvé un bonheur et un contentement que je n'avais pas connus depuis des mois. [...] Sais-tu que je me sens rajeunir ? Nous avons été bombardés ce matin [...]. Cela ne m'a pas causé la moindre inquiétude, l'approche des obus n'a aucune incidence sur ma tension ou sur mes nerfs, et je n'ai pas tendance à m'agiter comme le font beaucoup d'autres. Il est satisfaisant de constater que de nombreuses années de vie luxueuse n'ont pas ramolli ma constitution. À ce jeu, j'espère être aussi bon que n'importe qui[28]. »

À la mi-décembre 1915, le commandant en chef du corps expéditionnaire, sir John French, a décidé de donner à Churchill le commandement d'une brigade, mais cette perspective ayant provoqué des remous au Parlement, le Premier ministre Asquith s'y est opposé, acceptant tout au plus qu'il lui soit confié un bataillon. Churchill est déçu, mais il écrit à son épouse :

« Crois-moi, je suis très au-dessus de tout ce qui peut m'arriver ici. Je garde la conviction bien ancrée que la plus grande partie de mon travail est encore à venir, et je me laisse calmement porter par la tempête. Au cours des premiers mois de l'année prochaine, je pense que mon devoir – si je survis – sera de reprendre ma place au Parlement et de contribuer à faire tomber

Asquith et Kitchener*. Lorsque je serai certain que l'heure est venue, je ne reculerai devant aucun effort et aucun conflit. J'ai une grande confiance dans mes capacités – et mon dénuement me rend invulnérable[29]. »

Deux semaines plus tard, Churchill devient commandant du 6e bataillon de Royal Scots Fusiliers, avec le grade de lieutenant-colonel. Il s'y fait remarquer par ses qualités de chef, son courage, son humanité et son inventivité, mais il garde l'impression que ses compétences sont mal utilisées, et brûle de retourner à Londres pour prendre une part plus active à l'effort de guerre. Ce sont les hasards des combats qui vont lui en fournir l'occasion : en avril 1916, son bataillon ayant subi de lourdes pertes, il va être amalgamé au 7e bataillon de Royal Scots Fusiliers, et donc recevoir un autre commandant. Dès lors, Churchill peut partir dans l'honneur :

« Ce n'est pas moi qui quitte mon bataillon ; c'est mon bataillon qui me quitte[30] ! »

De retour à Londres, le député Churchill attaque sans merci à la Chambre des communes la politique de guerre tour à tour téméraire et pusillanime du gouvernement Asquith. Mais au milieu de ses réquisitoires impitoyables, c'est un homme qui souffre. Le 15 juillet 1916, il écrit à son frère Jack :

« Bien que ma vie soit pleine de confort et de prospérité, chaque heure qui passe me trouve convulsé de douleur à l'idée de ne pouvoir rien faire d'efficace contre le Boche[31]. »

---

* Le Premier ministre Asquith est hors d'état de concevoir une politique de guerre et de s'y tenir. Quant au ministre de la Guerre, lord Kitchener, il a manifestement atteint son plus haut niveau d'incompétence ; il est d'ailleurs – avec Asquith – le véritable responsable de l'échec des Dardanelles.

Quelques jours plus tôt, il avait écrit à son ancien commandant en second, Archibald Sinclair :

« Je ne veux pas de ministère, mais seulement la direction de la guerre… Je me sens profondément perturbé, car je ne peux faire usage de mes talents ; quant à la réalité de ces derniers, je n'ai aucun doute[32]. »

D'autres en ont pour lui, mais en juillet 1917, sept mois après la démission d'Asquith, le nouveau Premier ministre Lloyd George nomme Churchill ministre de l'Armement. L'illustre vétéran réorganisera entièrement son ministère, y fournira un travail considérable et sera véritablement le Carnot de la Grande Guerre. La paix revenue, il est successivement ministre de la Guerre, de l'Air et des Colonies, mais lorsque les libéraux sont battus en 1922, il perd à la fois son portefeuille ministériel et son siège de député. Il retrouvera l'un et l'autre en 1924 : ayant discrètement rejoint les rangs conservateurs, il se voit offrir le poste de chancelier de l'Échiquier. Ce ne sera pas exactement une réussite ; à son directeur de cabinet Robert Boothby, il confiera ainsi, à l'issue d'une réunion avec des fonctionnaires du Trésor, des banquiers et des économistes :

« Si seulement c'étaient des amiraux ou des généraux… Je parle leur langue, et je peux les battre. Mais ces types-là, au bout d'un moment, ils se mettent à parler chinois, et alors là, je n'y comprends plus rien[33] ! »

Et il avouera bien plus tard :

« On a dit que j'ai été le pire ministre des Finances que l'Angleterre ait jamais eu… et on a eu raison[34] ! »

Les initiatives malheureuses du ministre Churchill – notamment le rattachement de la livre sterling à l'étalon-or –, jointes aux débuts de la crise économique mondiale, provoquent la défaite électorale des conservateurs en 1929, et Churchill retourne dans l'opposition – où il va rapidement se retrouver en désaccord avec son propre parti au sujet de l'Inde, du désarmement et de la politique d'apaisement après l'arrivée au pouvoir d'Hitler. À la fin de 1936, effaré par le militarisme effréné des autorités allemandes et par le pacifisme écervelé du gouvernement britannique, le chef de la section d'Europe centrale au Foreign Office préfère mettre fin à ses jours. Pour Churchill, ce n'est pas la solution :

« Après tout, rien n'empêche de continuer à faire ce que l'on estime être son devoir, et de courir des risques de plus en plus grands, jusqu'à ce que l'on soit mis hors de combat[35]. »

Mais ce farouche lutteur est également vulnérable à la dépression ; au soir du 20 février 1938, il apprend la démission du ministre des Affaires étrangères Anthony Eden, qui était le dernier rempart contre les dangereuses initiatives diplomatiques de Neville Chamberlain visant à apaiser les dictateurs :

« Je dois reconnaître que mon cœur s'est serré, et que pendant un moment, j'ai été submergé par les sombres flots du désespoir. […] Cette nuit-là, je n'ai pu trouver le sommeil. De minuit jusqu'à l'aube, je suis resté éveillé dans mon lit, en proie aux affres du chagrin et de la crainte. Il s'était trouvé un homme jeune et fort pour tenir tête aux marées déferlantes et lugubres de l'irrésolution et du renoncement, des calculs erronés et des molles impulsions. […] Et voilà qu'il était parti. J'ai regardé la lumière de l'aube se faufiler lentement par les fenêtres, et il m'a semblé que surgissait devant moi la vision de la Mort[36]. »

Mais chez Churchill, le meilleur remède à la dépression, c'est un surcroît d'activité :

« Ce qui m'inquiète, ce n'est pas l'action, mais l'inaction[37]. »

C'est donc avec une éloquence saisissante que le député Churchill va fustiger la politique d'apaisement et se faire l'avocat d'un réarmement accéléré. Mais il est mal compris dans le pays, critiqué par tous les partis et dénoncé comme alarmiste par le Premier ministre Chamberlain. Pourtant, lorsqu'éclate la Seconde Guerre mondiale en septembre 1939, il devient impossible de tenir Winston Churchill à l'écart du gouvernement, et lorsqu'au printemps de 1940, les premiers désastres militaires mettent crûment en lumière l'incompétence de Neville Chamberlain, il devient impératif de faire appel au vieux cheval de guerre qui attend son heure depuis quarante ans déjà :

« C'est ainsi que, dans la nuit du 10 mai, au moment même où débutait une bataille redoutable, j'ai assumé le pouvoir suprême de l'État. [...] Lorsque je me suis couché, vers 3 heures du matin, j'ai ressenti un profond soulagement. J'avais enfin le pouvoir de donner des directives dans tous les domaines. J'avais le sentiment de ne faire qu'un avec le destin, et il me semblait que toute ma vie passée n'avait été qu'une préparation à cette heure et à cette épreuve. [...] Les avertissements que j'avais donnés pendant les six dernières années avaient été si nombreux, si détaillés, et ils étaient maintenant si terriblement justifiés, que personne ne pouvait me contredire. [...] J'estimais n'être pas dépourvu d'expérience, et j'étais sûr de ne pas échouer. J'ai dormi du sommeil du juste, sans avoir besoin d'aucun rêve pour m'encourager. La réalité vaut mieux que les rêves[38]. »

Tel est l'autoportrait de l'homme qui vient de faire son entrée sur la grande scène de l'Histoire – et ne la quittera jamais plus...

Chapitre II

Grâce aux amis de son père – et aux amants de sa mère –, le petit Winston s'était constitué une impressionnante collection de soldats de plomb :

« Ces soldats de plomb ont infléchi le cours de mon existence ; […] un jour, mon père lui-même est venu en visite d'inspection. Toutes les troupes étaient disposées en formation d'attaque réglementaire. Avec un œil expert et un sourire fascinant, mon père a passé vingt minutes à étudier la scène, qui était réellement imposante. Après quoi il m'a demandé si j'aimerais entrer dans l'armée. Je pensais que ce serait fantastique de commander une armée, alors j'ai dit oui tout de suite, et j'ai été immédiatement pris au mot. Pendant des années, j'ai pensé que mon père, fort de son expérience et de son intuition, avait discerné en moi les qualités d'un génie militaire. Mais on m'a dit par la suite qu'il en avait seulement conclu que je n'étais pas assez intelligent pour devenir avocat[1]. »

Examen d'entrée à l'école militaire de Sandhurst, troisième et dernière tentative, 1893 :

« Ce que j'entends souligner ici, c'est que si cet examinateur vieillissant et blasé ne m'avait pas posé justement cette question sur les cosinus et les tangentes au carré ou même au cube, que

25

j'avais justement apprises à peine une semaine plus tôt, aucun des chapitres suivants de ce livre n'aurait jamais été écrit. Peut-être serais-je entré dans l'Église et aurais-je prêché des sermons orthodoxes, allant audacieusement à l'encontre des tendances de l'époque. J'aurais pu entrer dans les affaires et y amasser une fortune. J'aurais pu m'intéresser aux colonies ou aux *dominions*, comme on les appelle aujourd'hui, dans l'espoir de leur plaire, ou du moins de les apaiser ; et avoir ainsi une flamboyante carrière à la Lindsay Gordon ou à la Cecil Rhodes. J'aurais même pu m'en aller graviter du côté du barreau, et mes talents d'avocat auraient pu conduire à la potence de rudes coquins qui remâchent aujourd'hui avec complaisance leurs coupables secrets. Bref, toute ma vie à moi s'en serait trouvée changée et cela aurait sans doute modifié l'existence d'un grand nombre d'autres gens, qui à leur tour… et ainsi de suite[2]. »

La charge des lanciers à Omdurman, 1898 :

« En un sens, une charge de cavalerie ressemble beaucoup à la vie ordinaire : tant que vous êtes en bonne forme, que vous êtes bien en selle, que vous tenez fermement les rênes, que vous êtes solidement armé, beaucoup de vos ennemis font un large détour pour vous éviter. Mais dès que vous avez perdu un étrier, rompu les rênes, lâché votre arme, ou que vous ou votre cheval êtes blessé, alors, de toutes parts, les ennemis se précipitent sur vous[3]. »

Dans les tranchées de la Somme, 1916 :

« Plus on vit, plus on s'aperçoit que tout est tributaire du hasard, et plus il devient difficile de croire que ce facteur tout puissant dans les affaires humaines dépend uniquement de l'interaction aveugle des événements. […] Quiconque se penche sur sa vie au cours de la décennie écoulée pourra constater que son destin et sa carrière ont été déterminés par de minuscules incidents qui, pris isolément, sont totalement insignifiants. Il en est ainsi de la vie ordinaire. Mais à la guerre, qui est une forme intense de la vie, le hasard ôte tous ses masques et se présente ouvertement comme l'arbitre suprême des hommes et des événements. Vous mettant en route le matin, vous oubliez vos allumettes ; au bout de cent mètres, vous faites demi-tour pour aller les chercher, évitant ainsi l'obus qui a parcouru quinze kilomètres pour vous rencontrer, et vous êtes sans doute ébranlé de voir à quel point vous avez manqué de peu le rendez-vous qui vous était fixé*. Vous restez en arrière une demi-minute de plus pour présenter vos respects à un officier étranger qui est arrivé à l'improviste ; un autre homme prend votre place dans le boyau de communication. Boum ! Il est mort. Marchez à droite d'un arbre donné, et vous poursuivrez votre chemin jusqu'à prendre le commandement d'un corps d'armée ; marchez à gauche du même arbre, et vous rentrerez chez vous mutilé ou paralysé pour la vie. Souvenez-vous de La Fontaine : "On rencontre sa destinée souvent par les chemins qu'on prend pour l'éviter."[4] »

Philosophie de la vie :

« Il ne faut jamais oublier que lorsqu'un malheur survient, il est tout à fait possible qu'il vous préserve d'un malheur bien plus grand** ; et que lorsque vous commettez une grave erreur, elle peut fort bien s'avérer plus bénéfique que la décision la plus avisée[5]. »

---

* Bien entendu, c'est là une expérience personnelle.

** Encore une expérience personnelle : à son arrivée en Inde au début d'octobre 1896, le sous-lieutenant Churchill s'était démis l'épaule droite. Deux ans plus tard, lors de la charge de cavalerie d'Omdurman, cette douloureuse invalidité l'empêchait encore de tenir une lance, qu'il avait donc remplacée par un pistolet automatique Mauser – ce qui lui avait sauvé la vie…

Le corridor de l'existence :

« La vie d'un homme est comme la traversée d'un long couloir obscur, avec des fenêtres closes de part et d'autre. Lorsqu'il parvient à la hauteur de chaque fenêtre, elle est ouverte par une main anonyme, et la lumière qui pénètre ainsi ne fait qu'accentuer par contraste l'obscurité qui règne au bout du couloir[6]. »

Allocution à la BBC, 14 juillet 1940 :

« La foi nous est donnée comme soutien et comme réconfort, lorsque nous regardons avec une crainte respectueuse se dérouler le parchemin de la destinée[7]. »

Discours à la Chambre des communes au retour de la conférence de Yalta, février 1945 :

« Nous entrons à présent dans un monde d'impondérables, où chaque stade de notre progression nous invite à nous remettre en question. C'est une erreur que de vouloir trop se projeter dans l'avenir. On ne peut saisir qu'un par un les maillons de la chaîne du destin[8]. »

De l'impénétrabilité des Voies du Seigneur, mars 1948 :

« Dans les épreuves que le Tout-Puissant impose à ses humbles serviteurs, il est très rare que les choses se produisent deux fois de la même manière ; ou bien, s'il semble en être ainsi, il y a toujours quelque variante pour confondre toute généralisation excessive[9]. »

Fatalisme :

« Hélas ! Nous sommes tous les marionnettes du destin... [10] »

Chapitre III

LA GRANDE-BRETAGNE ET L'EMPIRE

Une profession de foi :

« Je suis un enfant de l'ère victorienne, une époque où notre pays semblait solidement établi dans ses fondements, où notre domination sur le commerce et sur les mers était incontestée, et où ne cessait de se renforcer notre foi en la grandeur de l'Empire et en notre devoir de la préserver[1]. »

Le sous-lieutenant Churchill à son frère Jack depuis Bangalore, 1897 :

« Le spectacle de l'autorité que nous exerçons sur l'Inde ne peut manquer d'être instructif pour un étranger. Je serai toujours heureux de montrer ce pays à quiconque, parce que je crois fermement qu'une prise de conscience des difficultés et de l'ampleur de notre tâche doit susciter un sentiment de respect – voire d'admiration. [...] J'espère qu'au fil des années, tu pourras voyager et voir quelques parties de ce grand Empire qui est le nôtre – et à la préservation duquel j'ai l'intention de consacrer ma vie[2]. »

Discours devant l'Association des Conservateurs de Southsea, 31 octobre 1898 :

« Pour préserver notre Empire, il nous faut un peuple libre, un peuple éduqué et un peuple prospère. C'est pourquoi nous sommes partisans de la réforme sociale ; c'est pourquoi nous aspirons à instituer des retraites pour les personnes âgées, et d'autres réformes du même genre. [...] Vous avez deux tâches à accomplir : soutenir l'Empire outre-mer et la liberté dans notre île. C'est l'interaction de ces deux éléments qui doit désormais guider notre développement. Il nous faut des hommes jeunes qui ne craignent pas le danger, ainsi que des hommes plus mûrs et peut-être plus sages qui ne craignent pas les responsabilités. Les difficultés et les urgences auxquelles l'Empire est confronté nous fourniront de tels hommes en abondance – et ceux-ci à leur tour aideront à préserver l'Empire-même qui les a appelés à s'engager. C'est ainsi que le grand jeu pourra se poursuivre, et c'est à vous, Messieurs, de veiller à ce qu'il continue sans interruption jusqu'à ce que, ayant surmonté tous les périls et toutes les épreuves, nous puissions régner en paix et en Majesté, par le mérite autant que par la force, sur les plus belles et les plus heureuses régions du monde où nous vivons[3]. »

Ce rapport entre la prospérité du peuple de la mère patrie et la grandeur de l'Empire britannique sera un leitmotiv des discours du député Churchill ; il le résumera même en décembre 1901 par cette formule lapidaire :

« Pour ma part, je ne vois guère de gloire dans un Empire maître des mers, mais incapable de vider ses égouts[4]. »

Et huit ans plus tard, discours du ministre du Commerce Churchill au club libéral de Birmingham, 13 janvier 1909 :

« Nous avons déjà fait beaucoup ; nous aurions pu faire bien davantage. Notre politique intérieure est moins aboutie et moins réfléchie que notre politique extérieure. [...] Partout où le réformateur porte son regard, il se trouve confronté à une masse de souffrances qui auraient pu être largement prévenues et même guéries. En Grande-Bretagne, les gens fortunés sont plus heureux que toute autre classe dans toute l'histoire du monde ; mais je suis persuadé que les millions de délaissés sont également les plus misérables de toute l'histoire du monde. Tandis que notre avant-garde jouit des plus grands plaisirs jamais offerts, notre arrière-garde doit affronter des conditions plus cruelles que dans les mondes barbares [5]. »

Et puis, même les plus grands impérialistes ont parfois quelques doutes. Discours du ministre de la Marine Winston Churchill aux Communes, 17 mars 1914 :

« Nous sommes maîtres de tous les territoires auxquels nous pouvons aspirer, mais lorsque nous revendiquons le droit de profiter sans entraves de ces vastes et splendides possessions, acquises en grande partie par la guerre et conservées en grande partie par la force, cela paraît souvent moins raisonnable à d'autres qu'à nous-mêmes [6]. »

Des doutes qui ne résisteront pas au passage des années. Intervention au Parlement du député « conservateur indépendant » Churchill, 24 octobre 1935 :

« Les destinées et la gloire de l'Empire britannique sont liées indissociablement aux destinées du monde. Nous prospérerons ou nous périrons ensemble. De fait, si nous survivons aujourd'hui, c'est parce qu'aux temps jadis, nos ancêtres ont fait en sorte que dans l'ensemble, les intérêts particuliers de la Grande-Bretagne coïncident avec les intérêts généraux du monde [7]. »

Pour l'orateur, c'est bien évidemment le cas en Inde, à laquelle conservateurs et travaillistes veulent pourtant accorder l'autonomie interne :

« Je soutiens que la façon dont les affaires indiennes ont été gérées au cours des dix-huit derniers mois a été des plus malheureuses, et a déjà abouti à des résultats qui seront longtemps déplorés. [...] Qu'en pensera le peuple britannique ? On me dit qu'il s'en moque. [...] On me dit qu'il se préoccupe du chômage et des impôts, ou qu'il ne s'intéresse qu'aux nouvelles du sport et des faits divers. Le grand paquebot est en train de sombrer par mer calme ; les cloisons étanches cèdent les unes après les autres ; l'eau envahit un compartiment après l'autre ; la gîte augmente ; il coule, mais le capitaine, les officiers et l'équipage sont tous dans le grand salon, en train de danser au rythme de l'orchestre de jazz. Mais attendez que les passagers se rendent compte de la situation[8] ! ».

Lorsqu'il s'agit de la pérennité de l'Empire, il n'est jamais à court de métaphores ; ainsi, à ses auditeurs de l'Université d'Édimbourg :

« Si la Grande-Bretagne perdait son Empire, l'Inde, sa part du commerce mondial et sa puissance navale, elle serait comme une immense baleine portée par la marée et échouée dans une de vos baies écossaises, pour s'y asphyxier et pourrir sur la grève[9]. »

Ou encore à Liverpool :

« Le lion britannique, jadis si féroce et si vaillant, si intrépide et si indomptable durant toutes les épreuves de l'Armageddon, peut à présent être chassé par les lapins des champs et des forêts de sa gloire d'antan[10]. »

Lettre à lord Linlithgow, vice-roi des Indes, 3 novembre 1937 :

« Bien sûr, mon idéal est étroit et limité : je veux voir l'Empire britannique préservé dans sa force et sa splendeur, le temps de quelques générations encore. Seuls les plus prodigieux efforts du génie britannique permettront d'y parvenir[11]. »

À Cannes, cette année-là, une élégante française lui fait remarquer que l'Empire britannique s'est édifié grâce à des petites guerres du genre de celle que l'Italie est en train de mener en Éthiopie…

« Ah ! Mais voyez-vous, Madame, tout cela appartient à un passé dissolu, tout cela est relégué dans les limbes des mauvais jours révolus. Le monde fait des progrès[12]. »

1937. À l'ambassadeur d'Allemagne Ribbentrop, qui lui dit qu'une guerre est inévitable si la Grande-Bretagne refuse de laisser au Reich les mains libres en Europe centrale :

« Lorsque vous parlez de guerre, et ce serait certainement une guerre générale, il ne vous faut pas sous-estimer l'Angleterre. C'est un curieux pays, dont peu d'étrangers parviennent à comprendre la mentalité. Ne le jugez pas d'après l'attitude de son gouvernement actuel. Qu'une grande cause s'offre à son peuple, et vous verrez de combien d'actions inattendues seront capables ce même gouvernement et la nation britannique ! Ne sous-estimez pas l'Angleterre ! »

Londres, 6 janvier 1943, à sa vieille amie Violet Asquith* :

« L'Empire peut être défendu contre n'importe qui – sauf contre les Britanniques. Ils veulent toujours se dépouiller, se repentir, etc. Pourquoi devrions-nous être traînés devant le barreau de l'histoire pour défendre nos actions passées [13] ? »

Au consul américain Kenneth Pendar à Marrakech, au lendemain de la conférence d'Anfa, 24 janvier 1943 :

« Il y a toujours de vieilles filles consciencieuses en Pennsylvanie, dans l'Utah, à Édimbourg ou à Dublin, qui persistent à écrire des lettres, à signer des pétitions et à dispenser ardemment leurs conseils au gouvernement britannique, pour le presser de rendre l'Inde aux Indiens, l'Afrique du Sud aux Zoulous ou aux Boers, etc., mais aussi longtemps qu'il plaira à Sa Majesté le roi de faire de moi son Premier ministre, je ne prendrai aucune part au démembrement de l'Empire britannique** [14]. »

1er septembre 1943. Churchill séjourne à la Maison Blanche. Franklin Roosevelt, grand décolonisateur devant l'Éternel, a pris soin d'inviter à déjeuner Mrs. Helen Reid, directrice adjointe du New York Herald Tribune *et célèbre pour son opposition bruyante à la pérennité de l'Empire britannique. Bien avant les liqueurs, elle entreprend d'attaquer Churchill au sujet du sort réservé aux infortunés Indiens... Mais le Premier ministre de Sa Majesté l'interrompt aussitôt :*

« Avant toutes choses, Madame, il nous faut éclaircir un point : est-ce que nous parlons des Indiens bruns de l'Inde, qui ont grandement prospéré et se sont vertigineusement multipliés

---

* Devenue entre-temps Mrs. Bonham Carter.
** Cette dernière formule a été maintes fois utilisée par Churchill. Ainsi, le 10 novembre 1942, lors de son discours de *Mansion House* : « Je ne suis pas devenu le Premier ministre du roi pour présider à la liquidation de l'Empire britannique. »

sous l'administration bienveillante de la Grande-Bretagne ? Ou bien est-ce que nous parlons des Indiens rouges d'Amérique, dont je crois savoir qu'ils sont en bonne voie d'extinction[15] ? »

Depuis Malte, en route pour Yalta, lettre à son épouse, 1er février 1945 :

« Il y a un certain temps que je désespère des relations de la Grande-Bretagne avec l'Inde, et plus encore de ce qui arrivera si elles sont brutalement rompues. Entre-temps, nous nous cramponnons à ce vaste Empire qui ne nous rapporte rien, au milieu du concert des critiques et des injures du monde entier comme de notre propre peuple, et de la haine croissante d'une population indienne abreuvée par un flot de propagande incendiaire à laquelle nous ne pouvons répondre[16]. »

Churchill est battu aux élections de juillet 1945, et sous le gouvernement travailliste de son successeur Clement Attlee, l'Inde accède à l'indépendance, de même que la Birmanie et Ceylan. Le 9 août 1947, l'illustre chef de l'opposition de Sa Majesté s'en prend au gouvernement en ces termes :

« Notre île est envahie par une tribu de philosophes névrosés qui se lèvent chaque matin en se demandant quelle partie de la Grande-Bretagne ils pourraient encore brader, et se couchent chaque soir en regrettant ce qu'ils viennent de faire[17]. »

Lors d'un dîner à l'ambassade de Grande-Bretagne à Paris le 21 janvier 1951, il confie au président du Conseil René Pleven :

« J'aurais pu défendre l'Empire britannique contre n'importe qui… contre n'importe qui… sauf contre les Britanniques*[18]. »

---

* Une variante des propos tenus devant son amie Violet Asquith en jan-

Mais les conservateurs gagnent les élections d'octobre 1951, et lorsqu'à 77 ans, le vieux lion redevient Premier ministre, il est bien résolu à mettre un terme au démantèlement de l'Empire britannique... Lors d'une conférence de presse à bord du Queen Mary le 5 janvier 1953, un journaliste américain lui demande s'il songe à prendre sa retraite :

« Pas avant que mon état ne se détériore énormément, et que celui de l'Empire ne s'améliore considérablement [19] ! »

---

vier 1943. C'est l'un des secrets de l'éloquence churchillienne : il pouvait mémoriser et répéter ses meilleures phrases – et celles des autres – à dix, vingt ou trente ans d'intervalle...

Chapitre IV

DE LA POLITIQUE

Lettre du jeune Winston à sa mère, 16 août 1895 :

« Un beau jeu que celui de la politique, et cela vaut bien la peine d'attendre d'avoir en mains de solides atouts avant de sauter le pas[1]. »

À un journaliste, mai 1902 :

« La politique est presque aussi exaltante que la guerre... et tout aussi dangereuse[2]. »

Changement d'époque :

« J'ai été élevé à ce stade de la civilisation où tout le monde se plaisait à admettre que les hommes naissent inégaux[3]. »

Le ministre du Commerce Churchill sur le rôle du politicien, Dundee, 9 octobre 1908 :

« À quoi bon vivre, sinon pour lutter en faveur de nobles causes, et faire émerger de toute cette confusion un monde meilleur, au bénéfice de ceux qui y vivront lorsque nous l'aurons quitté[4]? »

De la fidélité en politique :

« Il ne sert absolument à rien de défendre un gouvernement ou un parti, si vous n'êtes pas disposé à le défendre contre les pires choses qui lui sont reprochées[5]. »

De la magnanimité en politique :

« Dans un pays démocratique ayant des institutions représentatives, il est parfois nécessaire de se rendre à l'avis des autres[6]. »

De la constance en politique :

« Certains changent de convictions pour l'amour de leur parti ; moi, je change de parti pour l'amour de mes convictions[7]. »

Pour Churchill, le vivant symbole de la démocratie, c'est le Parlement britannique. En mars 1917, il déclare à un ami auquel il fait visiter la Chambre des communes :

« C'est cette petite pièce qui fait toute la différence entre nous et l'Allemagne. C'est grâce à elle que nous finirons, même péniblement, par l'emporter, et c'est parce qu'elle n'en a pas que l'Allemagne, avec toute sa brillante efficacité, s'achemine vers le désastre final. Cette petite pièce, c'est le sanctuaire des libertés du monde[8]. »

Du bon usage d'un Parlement :

« La mission du Parlement est non seulement de voter de bonnes lois, mais aussi d'enterrer les mauvaises[9]. »

« Ce qu'il faut à la Chambre, c'est une période de débat tolérant et constructif sur les problèmes de l'heure, sans que chaque discours, de quelque bord qu'il vienne, se trouve dénaturé par les passions d'une élection ou les préparatifs de la suivante[10]. »

Après la chute du gouvernement Lloyd George et la dissolution du Parlement en octobre 1922, le ministre sortant Winston Churchill, mal remis d'une appendicectomie, est battu aux élections législatives dans sa circonscription de Dundee :

« En un clin d'œil, je me retrouvai sans ministère, sans siège, sans parti et sans appendice[11]. »

Churchill, ex-conservateur passé aux libéraux par amour du libre-échange en 1904, est revenu discrètement dans les rangs conservateurs par haine du socialisme en 1924. Commentaire du transfuge récidiviste :

« Tout le monde peut retourner sa veste, mais il faut une certaine adresse pour la remettre à l'endroit[12]. »

Nostalgie :

« Il me faut expliquer qu'en ce temps-là [l'ère victorienne], nous avions une véritable démocratie politique, conduite par une succession d'hommes d'État, et non une masse inconstante égarée par la presse[13]. »

Lettre du Canada à son épouse, 27 août 1929 :

« Ce pays m'attire beaucoup ; on peut y faire fortune dans de nombreux domaines. J'ai décidé que si Neville Chamberlain ou tout autre personnage du même genre devenait chef du parti conservateur, j'abandonnerais la politique et je verrais si je ne peux pas vous rendre un peu plus aisés, toi et les chatons, avant de tirer ma révérence. Une seule perspective m'attire encore*, et si elle m'est refusée, je quitterai ces mornes paysages pour gagner de plus verts pâturages [14]. »

Les dérives de la démocratie... Discours à l'Université d'Oxford, 19 juin 1930 :

« Nous voyons à présent notre peuple douter de sa mission et de ses principes, allant sans but, dérivant au gré des marées et des courants d'un océan profondément perturbé ; la boussole a été endommagée, les cartes sont périmées, l'équipage prend à tour de rôle la place du capitaine, et chaque capitaine doit procéder avant chaque coup de barre à un scrutin, non seulement parmi les membres de l'équipage, mais encore parmi un nombre toujours croissant de passagers [15]. »

Interview à New York, 25 janvier 1932 :

« Le monde d'aujourd'hui est dirigé par des politiciens harcelés, uniquement préoccupés d'arriver au pouvoir ou d'en chasser leurs rivaux, de sorte qu'il ne leur reste guère de temps

---

* Celle de devenir Premier ministre, bien sûr... Churchill aurait sans doute été un homme d'affaires catastrophique. Heureusement pour lui (et pour le monde), cette velléité sera sans lendemain...

42

pour s'occuper convenablement des questions importantes. [...]
C'est une grande illusion que de croire que les gens ont le gouvernement qu'ils veulent... Ils ont le gouvernement qu'ils élisent
et qu'on leur dit qu'ils veulent[16]. »

Les risques du métier :

« Je ne me soucie pas le moins du monde de ce que l'on
pourrait dire de moi. On ne peut pas prendre part aux contro-
verses de la politique sans s'attendre à être attaqué[17]. »

Les mérites du système :

« Le vice inhérent au capitalisme, c'est le partage inégal des
bénédictions ; la vertu inhérente au socialisme, c'est le partage
équitable des malédictions[18]. »

Théorie de la relativité :

« Personne ne prétend que la démocratie est parfaite. [...]
En fait, on a dit que c'était le pire mode de gouvernement, à
l'exception de tous les autres qui ont pu être essayés à l'occasion[19]. »

Au Press Club de Londres, 22 novembre 1938 :

« Nous sommes liés au système démocratique de gouvernement, pour le meilleur et pour le pire. [...] Nous ne pouvons en
changer maintenant. Il n'est plus temps ; au milieu des grandes
épreuves, nous allons devoir nous battre avec toutes les forces
et toutes les faiblesses inhérentes à la démocratie[20]. »

Aux Communes, 31 octobre 1944 :

« Le fondement de tous les hommages rendus à la démocratie, c'est un petit homme qui entre dans un petit isoloir, avec un petit crayon, pour faire une petite croix sur une petite feuille de papier. Aucune accumulation de rhétorique ou de débats ne pourra diminuer l'importance de ce facteur essentiel[21]. »

Discours du chef de l'opposition Churchill à la réunion du parti conservateur de Belle Vue, Manchester, 6 décembre 1947 :

« Il est curieux de constater que dans ma jeunesse, on me reprochait mes prises de positions changeantes et contradictoires, tandis qu'on me réprimande à présent parce que je conserve mes opinions d'antan, et même parce que je reprends des passages de discours que je prononçais bien avant la naissance de la plupart d'entre vous. Il est vrai que le monde évolue et que l'état de l'opinion est en perpétuelle mutation. Mais les grands principes de sages et saines mesures politiques ne varient pas nécessairement avec les humeurs changeantes d'un électorat démocratique. Tout n'est pas en perpétuelle fluctuation : deux et deux font toujours quatre, et je pourrais vous donner bien d'autres exemples qui prouvent que toute la sagesse du monde ne date pas d'aujourd'hui[22]. »

Aux Communes, 6 juin 1951 :

« Le rôle du Parlement, c'est de remplacer les empoignades par des arguments*[23]. »

---

* Il s'agit naturellement du Parlement britannique. Churchill ne pouvait prévoir le cas des Parlements coréen ou taïwanais, où les députés en viennent régulièrement aux mains…

En mai 1953, le Premier ministre Churchill, qui préside les cérémonies du couronnement de la jeune reine Elizabeth, reçoit les représentants des parlements de cinquante-sept pays du Commonwealth. Une bonne occasion d'expliquer la supériorité du système politique britannique :

« Dans notre île, à force de longs tâtonnements et d'une persévérance séculaire, nous avons conçu un excellent système. Le voici : la reine ne saurait faillir. Mais ses conseillers peuvent être remerciés aussi souvent que le peuple souhaite utiliser ses prérogatives à cet effet. Une grande bataille est perdue : le Parlement congédie le gouvernement. Une grande bataille est gagnée : les foules acclament la reine. [...] Nous sommes ici aujourd'hui pour rendre hommage à cinquante ou soixante Parlements – et à une seule reine[24]. »

Chapitre V

Été 1891, au collège de Harrow, à son camarade de classe Murland Evans, qui lui demande s'il compte entrer dans l'armée :

« – Je ne sais pas, c'est probable, mais je connaîtrai bientôt de grandes aventures en sortant d'ici.

– Tu as l'intention d'entrer en politique, comme ton célèbre père ?

– Je ne sais pas, c'est plus que probable, parce que, vois-tu, je n'ai pas peur de parler en public.

– Tu n'as pas du tout l'air de bien savoir ce que tu veux faire.

– C'est possible, mais je vois très bien où je finirai par arriver. Je le vois dans mes rêves…

– Et ce sera où ?

– Eh bien, je peux voir d'immenses changements affecter ce monde actuellement en paix ; de grands soulèvements, des luttes terribles, des guerres inimaginables ; et je peux te dire que Londres sera en danger – Londres sera attaquée, et je serai très haut placé pour la défendre.

– Comment peux-tu dire cela ? Depuis Napoléon, nous sommes définitivement à l'abri de toute invasion.

– Je vois plus loin que toi. Je vois dans l'avenir. D'une façon ou d'une autre, ce pays sera en proie à une terrible invasion. Je ne sais pas de quelle façon, mais je peux te dire que je comman-

47

derai les défenses de Londres, et que je sauverai Londres et l'Angleterre du désastre.

– Tu seras donc un général, à la tête d'une armée ?

– Je ne sais pas. Les rêves d'avenir sont voilés, mais l'essentiel est bien clair – je le répète : Londres sera en danger, et depuis la position élevée que j'occuperai, c'est à moi qu'il incombera de sauver la capitale et de sauver l'Empire*[1]. »

Bangalore, Inde, 1897. Le capitaine Francis Bingham, de l'artillerie royale, rentre la meute après la chasse, lorsqu'il est rejoint par un jeune sous-lieutenant de cavalerie aux cheveux roux, qui lui fait quelques confidences :

« Je n'ai pas l'intention de rester indéfiniment dans l'armée. Je compte entrer au Parlement, et un jour, je serai Premier ministre…[2] »

Escourt, Afrique du Sud, novembre 1899. Devant un feu de camp dans l'arrière-cour de la gare, le reporter Winston Churchill déclare au fils du chef de gare et à ses compagnons :

« Retenez bien mes paroles : je serai Premier ministre d'Angleterre avant de disparaître**[3]. »

Boston, décembre 1900. Le jeune député Winston Churchill s'entretient avec son homonyme, l'écrivain américain Winston Churchill :

---

* Moins d'un an plus tard, il déclare au laryngologue sir Felix Semon : « J'ai l'intention d'entrer à Sandhurst. […] Mais bien sûr, ce n'est pas pour devenir un simple soldat de métier, c'est simplement pour acquérir de l'expérience. Un jour, je serai un homme d'État, comme mon père. »

** Ces propos avaient naturellement été accueillis par de grands éclats de rire. L'expression « avant de disparaître » est significative : on sait qu'à l'époque, le jeune Winston pensait avoir peu de temps à vivre. (Voir p. 14-15.)

«Pourquoi n'entrez-vous pas en politique ? Moi, j'ai l'intention d'être Premier ministre d'Angleterre. Ce serait fantastique si vous étiez président des États-Unis au même moment[4]. »

13 mai 1901, dans Mr. Broderick's Army, *sur la perspective d'une guerre en Europe :*

«Une guerre européenne ne pourrait s'achever que par la ruine du vaincu et par un délitement économique doublé d'un épuisement à peine moins fatal des vainqueurs. [...] Les guerres des peuples seront plus terribles que celles des rois[5]. »

Rapport au Comité de défense impérial, rédigé en août 1911 par le ministre de l'Intérieur Churchill, décrivant les premiers mois d'une future guerre mondiale :

«Nous partons du principe qu'il existe une alliance entre la Grande-Bretagne, la France et la Russie, et que ces puissances sont attaquées par l'Allemagne et l'Autriche. La partie décisive se jouera entre la France et l'Allemagne. [...] Le plus probable est qu'au vingtième jour de l'offensive allemande, les armées françaises auront été contraintes d'abandonner la ligne de la Meuse, et de faire retraite sur Paris et le sud. [...] Mais vers le quarantième jour, les lignes de communications allemandes étant étirées à l'extrême, l'occasion d'une épreuve de force décisive pourrait bien se présenter[6]. »

(Les premiers épisodes de la Grande Guerre, exposés avec exactement trois ans d'avance : c'est effectivement au bout du vingt-et-unième jour que le général Joffre ordonnera la retraite générale dans le nord, et c'est le trente-huitième jour que sera remportée la bataille de la Marne !)

Mémorandum pour le commandant en chef, intitulé «Variantes de l'offensive», écrit dans les tranchées en décembre 1915 par le major aux grenadiers de la Garde Winston Churchill :

« Des véhicules chenillés de ce type [les "tanks", qu'il a fait construire en 1914 par les chantiers de l'Amirauté], sont à même de sectionner les barbelés de l'ennemi et de dominer sa ligne de feu. Soixante-dix environ sont sur le point d'être achevés en Angleterre, et il faudrait les inspecter. Aucun d'entre eux ne devrait être utilisé avant que tous puissent entrer en action ensemble. [...] Ils emportent deux ou trois [mitrailleuses] Maxim chacun, et peuvent être équipés de lance-flammes. [...] En atteignant les barbelés ennemis, ils tournent à droite ou à gauche, et suivent une ligne parallèle à la tranchée ennemie, en balayant ses parapets de leur feu et en écrasant les barbelés pour y ouvrir des passages [...] à travers lesquels l'infanterie pourra avancer derrière des boucliers[7]. »

(Vingt ans avant Charles de Gaulle...)

Note adressée au Premier ministre par le député Churchill, 7 juillet 1917, paragraphe 22 :

« Le débarquement des troupes [...] se ferait au moyen de péniches à l'épreuve des balles. Il faudrait en prévoir environ une centaine pour débarquer une division. À cela s'ajouterait un certain nombre de chalands – disons 50 – pour le débarquement des chars. [...] Au moyen d'un pont-levis ou d'une proue rabattable, les chars débarqueraient ainsi par leurs propres moyens...[8] »

(C'est exactement selon cette conception que seront construits, un quart de siècle plus tard, les vaisseaux de débarquement LST et LCT,

qui permettront toutes les grandes opérations amphibies de la Seconde Guerre mondiale.)

Paragraphe 30 de ce même aide-mémoire du 7 juillet 1917 :

« Une des méthodes dont je propose la mise à l'étude serait la suivante : on construirait un certain nombre de caissons, non pas en acier mais en béton. Capables de flotter tant qu'ils seraient vides d'eau, ils pourraient être remorqués. [...] Une fois arrivé sur site, on ouvrirait les prises d'eau, et les caissons se poseraient sur le fond. [...] Ainsi serait créé un port semblable à un atoll, à l'épreuve des torpilles et des tempêtes, avec de véritables quais d'accostage pour destroyers et sous-marins. [9] »

(Vingt-sept ans plus tard, cette invention verra le jour sous la forme du « Mulberry », port artificiel qui permettra le débarquement de Normandie...)

Un article de la revue The Nation *de décembre 1924, signé du chancelier de l'Échiquier Churchill :*

« Ne serait-il pas possible d'utiliser une énergie explosive incomparablement plus forte que tout ce qui a été découvert à ce jour ? Ne s'apercevra-t-on pas quelque jour qu'une bombe guère plus grosse qu'une orange est à même de détruire un bloc d'immeubles – que dis-je : de concentrer la puissance de milliers de tonnes de cordite et de faire sauter toute une commune d'un seul coup [10] ? »

(Vingt ans avant Hiroshima...)

13 février 1925, déclarations du ministre des Finances Churchill au Comité de défense impérial :

« Quelles garanties avons-nous, dans l'état actuel des choses, qu'il n'y aura pas de nouvelle guerre ? En fait, il semble bien que nous nous acheminions dans cette direction, même si la guerre ne devait pas éclater avant vingt ans, et certainement pas avant que l'Allemagne ait pu acquérir quelques moyens de mener la guerre…[11] »

(Vingt ans, c'est-à-dire 1945… Si l'on considère qu'en novembre 1937, Adolf Hitler promettra à ses militaires de déclencher la guerre en 1945 au plus tard*, il faut bien reconnaître que Churchill avait prévu très exactement ce qui se déciderait en Allemagne – huit ans avant l'arrivée au pouvoir d'Hitler, et douze ans avant que le Führer n'annonce à son état-major l'échéance prévue pour l'ouverture des hostilités !)

18 octobre 1930 :

« Je suis convaincu qu'Hitler ou ses partisans saisiront la première occasion de recourir à la force armée[12]. »

21 juin et 25 juillet 1932, lettres au courtier H.C. Vickers et à l'agent littéraire Louis Alber au sujet des États-Unis, en proie à la plus grande crise économique de leur histoire :

« Je ne crois pas que l'Amérique va s'effondrer. Au contraire, je suis convaincu qu'elle commencera très bientôt à se rétablir.

---

* Le mémorandum Hossbach du 10 novembre 1937 cite la déclaration suivante d'Adolf Hitler : « Décision de déclencher l'épreuve de force avec les risques inhérents à l'opération : échéance 1943-1945. Après cela, on peut s'attendre à une dégradation des conditions à notre détriment. » Entraîné par sa frénésie – et par la peur de vieillir prématurément –, le Führer décidera de brusquer les choses au printemps de 1939 – sans saisir à quel point ce changement de plan fragilisera sa Wehrmacht.

[…] Dans deux ou trois ans, peut-être avant, tout va repartir – je n'ai aucun doute à ce sujet[13]. »

(Parfaitement exact : deux ou trois ans, c'est 1934-1935, précisément les années où l'industrie américaine repart de plus belle…)

À la Chambre des communes le 23 novembre 1932, discours du député « conservateur d'opposition » Winston Churchill :

« Tous ces groupes de jeunes Allemands vigoureux qui parcourent les rues et les routes d'Allemagne, animés du désir de se sacrifier pour la mère patrie… veulent des armes, et lorsqu'ils auront ces armes, croyez-moi, ils exigeront qu'on leur restitue les territoires qu'ils ont perdus, et cela ne manquera pas de faire trembler dans leurs fondations – et même d'anéantir – tous les pays dont j'ai parlé… et même quelques autres pays dont je n'ai pas parlé[14]. »

(Quatre ans avant la remilitarisation de la Rhénanie, six ans avant Munich, huit ans avant Dunkerque…)

À la Chambre des communes, 14 mars 1933 :

« Si tout soudainement, deux puissances ayant des forces aériennes égales se faisaient la guerre, et si l'une d'entre elles lançait des bombes sur les villes pour tuer le plus possible de femmes et d'enfants, tandis que l'autre bombardait les aéroports, les usines, les arsenaux, les chantiers navals et les nœuds ferroviaires de l'ennemi, qui peut douter que le lendemain, celui qui a commis le plus grand crime ne serait pas celui qui a remporté le plus grand avantage[15] ? »

(Une fidèle description du tournant décisif de la bataille d'Angleterre, sept ans et demi avant l'événement…)

À la Chambre des communes, 28 novembre 1934 :

« Je suis convaincu que si nous conservons à l'avenir une puissance aérienne suffisante pour nous permettre d'infliger à l'agresseur potentiel autant de dommages qu'il est en mesure de nous faire subir, nous pourrons protéger efficacement notre peuple. [...] Que sont cinquante ou cent millions de livres [sterling], s'ils doivent nous assurer une impunité comme celle-là ? Jamais une assurance si féconde et si bénie n'aura été disponible à si bon compte[16]. »

(La théorie de la dissuasion moderne, résumée avec un quart de siècle d'avance...)

À la Chambre des communes, 2 mai 1935 :

« On disait jadis que le niveau des armements dépendait de la politique. Ce n'est pas toujours vrai, mais je crois qu'à ce stade, il est juste de dire que la politique dépend en grande partie du niveau des armements. On peut dire que nous en sommes arrivés à une situation où les choix de la politique sont dictés par des considérations de défense[17]. »

(Ce qui se vérifiera très exactement dès l'année suivante, lors de la remilitarisation de la Rhénanie, et davantage encore trois ans plus tard, au moment de la conférence de Munich. Dans les deux cas, la capitulation de la France comme de la Grande-Bretagne s'expliquera principalement par une conscience aiguë de leur faiblesse en matière d'armement.)

10 mars 1936, à la Chambre des communes :

« Les guerres n'attendent pas toujours pour éclater que tous les combattants soient prêts. Parfois, elles surviennent avant qu'ils ne soient prêts, ou quand une nation se croit moins mal préparée qu'une autre, ou encore quand une nation pense qu'elle risque de s'affaiblir plutôt que de se renforcer à mesure que le temps passe[18]. »

(Trois ans plus tard, Hitler va effectivement déclencher la guerre avant d'être prêt, parce qu'il se croit moins mal préparé que les démocraties européennes, et parce qu'il estime qu'une attente prolongée affaiblirait l'Allemagne en termes relatifs par rapport à ses ennemis potentiels... Il aurait été difficile de faire une analyse plus perspicace avec trois ans et demi d'anticipation.)

23 avril 1936, à la Chambre des communes :

« L'Europe approche du point culminant des tensions. Je pense que l'apogée à cet égard sera atteint durant le mandat de l'actuel Parlement[19]. »

(On ne saurait mieux dire : le mandat de ce Parlement court jusqu'en... octobre 1940.)

27 novembre 1936, dans l'Evening Standard :

« Si l'Allemagne devait déclencher une guerre en Europe, nous pouvons être sûrs que le Japon provoquerait immédiatement une conflagration en Extrême-Orient[20]. »

À la Chambre des communes, 14 mars 1938, trois jours après l'Anschluss :

« Où en serons-nous dans deux ans, par exemple, lorsque l'armée allemande sera certainement beaucoup plus importante que l'armée française ? »

(« Deux ans, par exemple », c'est le 14 mars 1940, moins de deux mois avant la grande attaque allemande à l'Ouest…)

Suite de ce discours :

« L'Europe se trouve confrontée à un programme d'agression bien calculé et bien réglé, qui se déroule étape par étape. […] Si un certain nombre d'États se rassemblaient autour de la Grande-Bretagne et de la France dans un traité solennel de défense mutuelle contre l'agression ; si leurs forces étaient réunies dans ce qu'on pourrait appeler une Grande Alliance ; si leurs états-majors se concertaient ; […] si cette entreprise était soutenue, comme elle ne manquerait pas de l'être, par le sens moral du monde, et si cela se faisait au cours de l'année 1938 – et croyez-moi, ce sera peut-être notre dernière chance de le faire – alors je dis que vous pourriez encore arrêter cette guerre qui s'approche. Alors, peut-être, la malédiction qui plane sur l'Europe s'éloignera-t-elle, […] et l'humanité se verra épargner l'épreuve mortelle vers laquelle nous penchons et glissons mois après mois. […] Avant de rejeter cet espoir, cette cause et ce plan qui, je ne le cache nullement, comporte un élément de risque, tous ceux qui souhaitent le repousser devraient méditer bien sérieusement sur ce qui nous arrivera si, quand tout le reste aura été jeté en pâture aux loups, nous restons seuls pour affronter notre destin[21]. »

(Une préfiguration d'octobre 1938, de septembre 1939, de juin 1940, de décembre 1941… et même d'avril 1949, avec la création de l'Otan.)

Article signé de Winston Churchill dans le Daily Telegraph *du 4 août 1938 :*

« Dans leurs préparatifs militaires, les démocraties européennes seraient déraisonnables de compter sur une aide directe des États-Unis. Mais les gouvernements dictatoriaux d'Europe seraient plus déraisonnables encore de négliger ou de traiter avec mépris le lent mais inéluctable ralliement de l'opinion américaine autour des idéaux de liberté et de tolérance[22]. »

(Double anticipation : deux ans plus tard, les États-Unis s'abstiendront effectivement de secourir directement le France et la Grande-Bretagne ; ils finiront toutefois, lentement mais inéluctablement, par entrer en guerre contre les dictatures…)

Discours à la Chambre des communes, 5 octobre 1938, au lendemain des accords de Munich :

« Vous verrez que dans quelques années, mais peut-être dans quelques mois seulement, la Tchécoslovaquie sera absorbée par le régime nazi. […] Et ne croyez pas que c'est fini ; ce n'est que le début du règlement de comptes, la première gorgée, le premier avant-goût d'une coupe amère qui nous sera présentée, année après année[23]… »

(Cinq mois plus tard, en effet, ce qui reste de la Tchécoslovaquie est absorbé par le Reich ; un an plus tard, c'est la Pologne qui est envahie ; un an et sept mois plus tard, ce sera le tour du Danemark et de la Norvège ; un an et huit mois plus tard, la Belgique, les Pays-Bas et la France connaîtront le même sort…)

À Harrow, 25 novembre 1938 :

« La Tchécoslovaquie a été dévorée, et est en train d'être digérée. Tous les États d'Europe centrale – la Pologne, la Yougoslavie, la Hongrie et peut-être la Roumanie – tomberont rapidement sous la domination nazie. […] Certains de ces pays se joindront même aux forces nazies lorsqu'elles poursuivront vers l'Est une avance qui est pratiquement inéluctable[24]. »

(L'Est de ces quatre pays, c'est l'Union soviétique... dont Churchill annonce donc l'invasion avec trois ans d'avance ! Lors de la campagne de Russie en 1941, des divisions roumaines et hongroises se joindront effectivement aux forces allemandes.)

À son garde du corps, l'inspecteur Thompson, avril 1939 :

« Il est à peu près certain que la guerre éclatera dans les six mois, et qu'à ce moment-là, on me proposera d'occuper une fonction quelconque au sein du Cabinet[25]. »

(« Dans les six mois », c'est-à-dire avant la fin de septembre 1939... Et lorsque la Seconde Guerre mondiale éclate le 3 septembre 1939, Churchill est effectivement invité à entrer au gouvernement en tant que ministre de la Marine.)

Chartwell, 1er août 1939, déjeuner en compagnie du général Spears, qui rapporte les propos suivants de Winston Churchill :

« Quelle est la véritable attitude de la Russie ? Bien qu'une mission militaire franco-britannique soit en train de négocier à Moscou, j'ai de sérieux doutes quant à la politique de Staline. Nous avons profondément, peut-être irréparablement, offensé les Russes au moment de Munich, et ils n'hésiteront pas à nous rendre la pareille [...] s'ils jugent que c'est dans leur intérêt[26]. »

(Vingt-deux jours plus tard, en effet, on apprend la signature du pacte germano-soviétique...)

Paris, 14 août 1939 ; Churchill s'entretient avec le général Georges, commandant en chef du front nord-est, auquel il fait part de ses inquiétudes concernant la ligne Maginot, interrompue devant les Ardennes au niveau de Montmédy :

« Il serait très peu avisé de penser que les Ardennes sont infranchissables par des puissantes unités, comme le soutenait en son temps le maréchal Pétain. Souvenez-vous que nous nous trouvons confrontés à une arme nouvelle, les blindés en grand nombre, sur lesquels les Allemands font sans doute porter leur effort, et que les forêts seront particulièrement tentantes pour de telles forces, puisqu'elles leur permettront de se dissimuler aux regards de l'aviation [27]. »

(Neuf mois plus tard, c'est bien la percée des Ardennes par les blindés allemands qui scelle le sort des armées alliées dans le nord de la France.)

21 octobre 1939, lettre au Premier lord naval :

« Tel que je vois les choses, nous aurons pendant tout l'hiver une guerre de basse intensité [...], qui éclatera pour de bon au printemps [28]. »

(L'annonce de la « drôle de guerre » de l'hiver 39-40... et de la campagne de France du printemps 1940.)

14 mars 1940, après le rejet par le Cabinet de guerre de son plan de minage des eaux territoriales norvégiennes*, Churchill écrit au ministre des Affaires étrangères lord Halifax :

---

* Visant à interrompre l'acheminement de minerai de fer suédois vers l'Allemagne.

« Tout vient de s'écrouler. [...] Nous avons subi un désastre majeur dans le Nord*, et cela a donné aux Allemands un avantage sans précédent. J'ignore s'ils ont conçu leur propre plan d'action et si nous en verrons bientôt les effets. Mais le contraire m'étonnerait[29]. »

(Vingt-six jours plus tard, en effet, les Allemands envahissent le Danemark et la Norvège.)

Déclaration de Churchill au Conseil suprême franco-britannique, 31 mai 1940 :

« Les États-Unis sont encore faibles militairement, mais avec le temps, ils sont capables de constituer une force considérable. [...] Même s'ils n'entrent pas en guerre, ils pourront bientôt nous aider puissamment. On pourra certainement compter sur eux pour satisfaire nos immenses besoins en matériel militaire, même si nous sommes hors d'état de les payer[30]. »

(Une géniale anticipation de la loi « prêt-bail », qui sera votée par le Congrès des États-Unis dix mois plus tard...)

Lettre au maréchal Smuts, 9 juin 1940 :

« À présent, je ne vois qu'une seule planche de salut : qu'Hitler attaque notre pays, et détruise ses forces aériennes dans l'entreprise[31]. »

(Telle sera dans une large mesure l'issue de la bataille d'Angleterre trois mois plus tard...)

---

* À la suite de la capitulation de la Finlande.

Au sous-secrétaire d'État à la Défense Charles de Gaulle, préfecture de Tours, 12 juin 1940 :

« L'Homme du Destin[32] ! »

(Fulgurante intuition un 12 juin 1940, alors que de Gaulle semble être le membre le plus effacé d'un gouvernement français en pleine déliquescence...)

À son secrétaire John Colville, 14 juillet 1940 :

« Hitler doit nous envahir ou échouer. S'il échoue – ce qui est inévitable –, il va se reporter vers l'Est[33]. »

(Hitler échoue effectivement, et neuf mois plus tard, il attaque l'URSS.)

Déclaration du 20 août 1940 à la Chambre des communes :

« Ces Français libres ont été condamnés à mort par Vichy, mais le jour viendra, aussi sûrement que le soleil se lèvera demain, où leurs noms seront glorifiés et gravés sur la pierre, dans les rues et dans les villages d'une France qui aura retrouvé sa liberté et sa gloire d'antan, au sein d'une Europe libérée[34]. »

(C'est aujourd'hui une réalité dans toute la France.)

23 juin 1941. À la résidence des Chequers, au lendemain de l'attaque allemande contre l'Union soviétique, le chef d'état-major sir John Dill, l'ambassadeur des États-Unis Winant et quelques autres prédisent que l'URSS ne tiendra pas plus de six semaines. Churchill est d'un autre avis :

«Je veux bien parier à 500 contre 1 avec n'importe lequel d'entre vous que dans deux ans, les Russes seront encore en train de combattre – et de combattre victorieusement[35]. »

(Deux ans, c'est juin 1943, cinq mois après la victoire de Stalingrad – et un mois avant celle de Koursk...)

8 novembre 1942 : Télégramme au général Marshall pour le féliciter des premiers succès du débarquement en Afrique du Nord :

«Les problèmes du succès ne nous paraîtrons pas moins embarrassants [...] que ceux que nous avons jusqu'à présent surmontés ensemble[36]. »

(Depuis l'assassinat de l'amiral Darlan jusqu'à l'affrontement Giraud – de Gaulle, la prédiction se vérifiera assez exactement...)

Au rédacteur en chef du Times, *29 mars 1943 :*

«Je serai un vieil homme quand je sortirai de la guerre. J'aurai soixante-dix ans[37]... »

(Une déclaration stupéfiante : lorsque se terminera la guerre en Europe, Churchill aura effectivement soixante-dix ans et cinq mois. Qui d'autre aurait pu annoncer avec autant d'assurance en 1943 que la guerre prendrait fin en 1945 ?)

À la Chambre des communes, 1ᵉʳ août 1946 :

«Nous nous déclarons prêts à abandonner le puissant Empire des Indes, avec toute l'œuvre que nous y avons accomplie au cours des deux cents dernières années. [...] Le gouvernement se déclare disposé à laisser 400 millions d'Indiens s'enfoncer dans toutes les horreurs d'une guerre civile sanguinaire, comparée à laquelle ce qui pourrait arriver en Palestine serait microscopique[38]... »

(Une prédiction qui sera à deux doigts de se réaliser... L'apocalypse à l'échelle du sous-continent sera évitée d'extrême justesse par l'action d'un prodigieux personnage, lord Louis Mountbatten, vice-roi des Indes.)

Discours de Zurich, 19 septembre 1946 :

« La sécurité du monde exige une nouvelle unité en Europe, et donc [...] la création d'une sorte d'États-Unis d'Europe. [...] Le premier pas dans cette direction devrait être un partenariat franco-allemand[39]. »

(Le traité de Rome avec onze ans d'avance, le traité franco-allemand avec dix-sept ans d'avance...)

Discours aux Communes sur la situation internationale, 30 novembre 1950 :

« Bien qu'il soit dangereux de faire une telle prédiction, [...] je me hasarderai à exprimer l'opinion qu'une attaque majeure de la Russie en Europe est improbable dans un proche avenir, et qu'elle ne sera pas provoquée par les modestes mesures de défense actuellement prises [...] par les puissances atlantiques et occidentales[40]. »

(De fait, il n'y aura pas d'attaque soviétique en Europe, et les mesures de défenses prises dans le cadre de l'Otan, loin de provoquer une guerre, auront sur Staline un puissant effet dissuasif...)

À son secrétaire John Colville, 1er janvier 1953 :

« Si vous vivez jusqu'au terme normal de votre vie, vous verrez assurément l'Europe de l'Est libérée du communisme[41]. »

(Sir John Colville décédera deux ans trop tôt pour voir cette prédiction se vérifier…)

Discours aux Communes sur l'arme atomique, 3 novembre 1953 :

« J'ai parfois la curieuse impression que le potentiel d'anéantissement de ces instruments pourra apporter à l'humanité une sécurité absolument imprévisible. […] Lorsque les progrès des armes de destruction permettront à tout le monde de tuer tout le monde, personne n'aura plus envie de tuer personne. […] Il se pourrait bien que, par un sublime paradoxe, nous atteignions ce stade de l'histoire où la sécurité serait le vigoureux enfant de la terreur, et la survie la sœur jumelle de l'anéantissement[42]. »

(L'équilibre de la terreur décrit avec dix ans d'avance…)

Au cours du même discours :

« Ayant étudié nos propres forces et celles de l'Europe, qui sont sous la protection du bouclier massif des États-Unis, il ne me semble ni déraisonnable ni dangereux de conclure que la prospérité interne plutôt que la conquête externe répond aux désirs profonds des peuples de Russie, de même qu'aux intérêts à long terme de leurs dirigeants[43]. »

(Trente-huit ans plus tard, c'est précisément le manque de pros-

périté interne et l'échec de la conquête externe* qui provoqueront la chute de l'Union soviétique...)

4 avril 1955, au soir de sa réception d'adieu, alors qu'il vient de démissionner du poste de Premier ministre pour laisser la place à Anthony Eden :

« Je ne crois pas qu'Anthony y arrivera[44] ! »

(Vingt-et-un mois plus tard, Anthony Eden est effectivement contraint de démissionner, à la suite de l'affaire de Suez.)

---

* Notamment en Afghanistan.

Chapitre VI

LA GUERRE

Au poète Siegfried Sassoon :

« La guerre est l'occupation naturelle de l'homme. La guerre... et le jardinage[1]. »

Le député Churchill à la Chambre des communes, 12 mars 1901 :

« La guerre est un jeu qui comporte une bonne part de hasard et, d'après le peu que j'en ai vu*, je dirais que rien au cours d'une guerre ne se passe comme on le voudrait, sauf de temps en temps, par accident[2]... »

Faux calculs :

« Les grandes guerres éclatent quand les deux protagonistes s'estiment plus ou moins égaux, et quand chacun des deux pense avoir une bonne chance de l'emporter[3]. »

---

* C'est de l'humour britannique : en 1901, Winston Churchill est, à 26 ans, un vétéran de cinq campagnes...

Le ministre de la Marine à la Chambre des communes, 17 mars 1914 :

« Si vous voulez vous représenter correctement une bataille entre grands cuirassés modernes, il ne faut pas la voir comme deux hommes en armure qui se battent avec de lourdes épées. Cela ressemble plutôt à un combat entre deux coquilles d'œuf qui se frapperaient avec des marteaux. D'où l'importance de frapper le premier, de frapper le plus fort, et de continuer à frapper[4]. »

À son épouse, 28 juillet 1914 :

« La guerre, c'est l'inconnu et l'inattendu. [...] Il faut essayer de mesurer l'indéterminé et de peser l'impondérable[5]... »

Janvier 1916, dans les tranchées de la Somme, instructions données aux officiers du 6ᵉ bataillon des Royal Scots Fusiliers par le lieutenant-colonel Churchill :

« Riez un peu, et apprenez à rire à vos hommes – la guerre est un jeu qu'il faut jouer avec le sourire. Si vous êtes incapables de sourire, grimacez ; si vous êtes incapables de grimacer, tenez-vous à l'écart jusqu'à ce que vous en soyez capables[6]. »

À son épouse, 22 février 1916, depuis la ligne de front :

« Balfour va supprimer la division navale*. Comme il est facile de détruire ; comme il est difficile de construire ; comme il est facile d'évacuer ; comme il est difficile de conquérir ; comme il

___

* Arthur Balfour était son successeur à l'Amirauté, que Churchill avait dû quitter en disgrâce après l'échec des Dardanelles au printemps de 1915. En fait, Balfour n'avait nullement l'intention de supprimer la division navale.

est ardu d'accomplir quoi que ce soit. La guerre, c'est de l'action, de l'énergie et du risque. Tous ces moutons veulent se contenter de broûter au milieu des pâquerettes[7]. »

Désenchantement, 1917 :

« La guerre, qui était cruelle et magnifique, est devenue cruelle et sordide[8]. »

Réflexions du ministre des Finances Churchill, 1925 :

« La guerre, c'est l'histoire de l'espèce humaine. Mis à part quelques intermèdes brefs et précaires, il n'y a jamais eu de paix dans le monde[9]. »

Conseils aux belliqueux, 1930 :

« Ne croyez jamais, jamais, que la guerre sera douce et facile, ou que quiconque entreprend ce singulier voyage est capable de prévoir les marées et les ouragans auxquels il devra faire face. L'homme d'État qui cède à la fièvre de guerre doit prendre conscience du fait qu'une fois le signal donné, il n'est plus le maître de la politique, mais l'esclave d'événements imprévisibles et incontrôlables. Des ministères de la Guerre surannés, des commandants en chef faibles, arrogants ou incompétents, des alliés peu fiables, des neutres hostiles, un destin malveillant, de vilaines surprises, d'effroyables erreurs de calcul – tous prennent leur place à la direction suprême au lendemain d'une déclaration de guerre. Si sûr que vous soyez de pouvoir l'emporter facilement, souvenez-vous qu'il n'y aurait pas de guerre si l'adversaire ne pensait pas avoir lui aussi une chance de vaincre*[10]. »

---

* On ignore si Adolph Hitler a eu connaissance de ce passage du magnifique petit livre *My Early Life*, paru trois ans avant son arrivée au pouvoir. Dans l'affirmative, il n'en a manifestement tiré aucune conclusion…

Nuances :

« Ceux qui peuvent gagner une guerre sont rarement capables de faire une bonne paix, et ceux qui pourraient faire une bonne paix n'auraient jamais gagné la guerre. Il serait peut-être excessif de ma part de laisser entendre que je serais capable de faire les deux[11]. »

Lors d'un dîner où un convive déclare sentencieusement que rien n'est pire que la guerre :

« Le déshonneur est pire que la guerre ; l'esclavage est pire que la guerre[12]. »

Conseils aux belligérants, 1937 :

« Avant qu'une guerre ne commence, il faudrait toujours dire : "Je suis fort, mais l'ennemi l'est aussi" ; au plus fort de la guerre, on devrait dire : "Je suis épuisé, mais l'ennemi l'est aussi". Or, il est presque impossible de dire ces deux choses au moment où elles comptent[13]. »

À Neville Chamberlain après la conférence de Munich, octobre 1938 :

« Vous aviez le choix entre la guerre et le déshonneur ; vous avez choisi le déshonneur et vous aurez la guerre[14]. »

10 septembre 1939, le Premier lord de l'Amirauté Churchill au Premier ministre Chamberlain :

« Nous avons intérêt à mener le combat conformément aux conceptions les plus humaines de la guerre, et à suivre plutôt que précéder les Allemands dans l'escalade, sans doute inévitable, de la dureté et de la violence[15]. »

2 janvier 1940 : Churchill propose à ses collègues du Cabinet de guerre très réticents une opération de minage des eaux territoriales norvégiennes, afin d'interrompre l'approvisionnement de l'Allemagne en minerai de fer :

« Il est impossible, dans une opération de guerre, de parer à toutes les objections qui peuvent être opposées à un plan d'action déterminé. [...] La guerre nous coûte six millions de livres par jour, et il serait désastreux que cette proposition, qui semble offrir la meilleure chance de mettre fin au conflit, soit rejetée[16]. »

La guerre en avril 1940 :

« Il y a une seule chose qui est pire que de combattre avec des alliés, c'est de combattre sans eux[17]. »

13 mai 1940 : Trois jours après avoir été nommé Premier ministre, Churchill, qui se rend à pied de Downing Street à l'Amirauté, est salué par une foule qui lui crie : « Bonne chance, Winnie ! Dieu te bénisse ! » Une fois entré à l'Amirauté, Churchill fond en larmes et dit au général Ismay :

« Les pauvres gens, les pauvres gens ! Ils me font confiance, et je ne pourrai leur apporter que des désastres pendant très longtemps[18]... »

Le même jour, à la Chambre des communes :

« Je voudrais dire à la Chambre ce que j'ai dit à ceux qui ont rejoint ce gouvernement : "Je n'ai rien d'autre à offrir que du sang, de la peine, de la sueur et des larmes." [19] »

Le 4 juin 1940, après avoir annoncé aux députés le succès de l'évacuation de Dunkerque :

« Nous devons bien nous garder de considérer cette délivrance comme une victoire ; les guerres ne se gagnent pas par des évacuations. [...] Nous nous battrons en France, nous nous battrons sur les mers et sur les océans, nous nous battrons dans les airs, avec une confiance et des moyens sans cesse croissants. Nous défendrons notre île à n'importe quel prix. Nous nous battrons sur les terrains d'atterrissage, nous nous battrons dans les champs et dans les rues, nous nous battrons dans les collines. Jamais nous ne nous rendrons [20] ! »

Au milieu des applaudissements et des vivats, Churchill murmure à son voisin en se rasseyant :

« Et nous nous battrons avec des tessons de bouteille, parce que c'est fichtrement tout ce que nous avons* [21] ! »

18 juin 1940, au lendemain de la capitulation française :

« Ce que le général Weygand a appelé la bataille de France vient de s'achever ; la bataille d'Angleterre est sur le point de

---

* Ce n'est pas loin de la vérité : au lendemain de Dunkerque, il reste en Grande-Bretagne moins de cinquante tanks et quelques centaines de canons, dont certains ont dû être retirés des musées...

s'engager. De cette bataille dépend le sort de la civilisation chrétienne, la survie de l'Angleterre, de nos institutions et de notre Empire. Toute la violence, toute la puissance de l'ennemi va bientôt se déchaîner contre nous. [...] Armons-nous donc de courage pour faire face à nos devoirs, et comportons-nous de telle sorte que, si l'Empire britannique et le Commonwealth durent mille ans encore, les hommes puissent toujours dire : "C'était leur plus belle heure"[22]. »

20 août 1940, au milieu de la bataille d'Angleterre :

« La gratitude de chaque foyer de notre île, de notre Empire et même du monde entier [...] se porte vers ces aviateurs britanniques dont la vaillance et le dévouement sont en train de changer le cours de la guerre. Jamais, dans l'histoire des conflits humains, tant d'hommes n'ont dû tant de choses à un si petit nombre de leurs semblables[23]. »

À la Chambre des communes, 8 octobre 1940 :

« Les Allemands ont fait savoir [...] qu'ils avaient déversé sur Londres 251 tonnes de bombes pour la seule nuit de jeudi dernier. [...] Eh bien, cette nuit-là, 180 personnes ont été tuées à Londres par ces 251 tonnes de bombes, c'est-à-dire qu'il a fallu une tonne de bombes pour tuer les trois quarts d'une personne. [...] Pour ce qui est des destructions matérielles, il ne faut pas les exagérer : les journaux sont remplis de photos de maisons démolies, mais naturellement, ils ne consacrent pas leur espace restreint aux maisons qui sont encore debout. [...] Les statisticiens pourront s'amuser en calculant qu'une fois prise en compte la loi des rendements décroissants, qui fait que les mêmes maisons peuvent être atteintes deux ou trois fois, il faudrait dix ans à la cadence actuelle pour que la moitié des maisons de Londres soit démolie. Après cela, bien sûr, la progression serait beaucoup plus lente… Or, bien des choses vont arriver à Herr Hitler et au régime nazi avant la fin de ces dix années, et même le Signor Mussolini va connaître quelques mésaventures qu'il n'avait pas prévues[24]… »

Aux maréchaux de l'Air Dowding et Portal, 13 octobre 1940 :

« Je suis sûr que nous allons gagner la guerre, mais je dois dire que je ne vois pas encore très bien comment[25]. »

Aux généraux Brooke et Ismay lors d'un déplacement en Écosse, 22 octobre 1940 :

« Ceux qui prétendent que rien n'a jamais été réglé par la guerre disent des âneries. En fait, rien dans l'histoire n'a jamais été réglé *autrement* que par la guerre[26]. »

Au personnel de Downing Street, à la veille de Noël 1940 :

« Je vous souhaite un Noël actif et un nouvel an frénétique[27] ! »

À rapprocher de cette réponse à un assistant qui lui demandait la permission de partir en congé pour le week-end :

« Comment ? Un congé ? Mais vous n'aimez donc pas cette guerre ? »

À la Chambre des communes, 7 mai 1941, alors que plusieurs députés ont remis en cause sa façon de conduire la guerre après les désastres de Grèce et de Cyrénaïque :

« En tant que chef du gouvernement, j'assume évidemment toute la responsabilité, de la façon la plus directe et la plus personnelle. D'où il résulte qu'en définitive, c'est à moi qu'il faudra couper la tête si nous ne gagnons pas la guerre. [...] Toute personne qui s'imagine que dans une guerre, aucune erreur ne sera commise, est hautement déraisonnable. [...] Vous me serez témoin, Monsieur le Speaker, que je n'ai jamais promis ou fourni autre chose que du sang, de la peine, de la sueur et des larmes, auxquels j'ajoute à présent une bonne part d'erreurs, d'insuffisances et de déceptions, et aussi le fait que tout cela risque de continuer pendant très longtemps encore, pour s'achever, je le crois fermement – même si ce n'est pas une promesse ou une garantie, mais seulement une profession de foi – par une victoire complète, absolue et définitive[28]. »

À Downing Street, longtemps après minuit, en regardant ses chefs d'état-major sortir quelque peu hagards de la salle de réunion* :

« Il me faut mener une guerre moderne avec des armes vétustes[29]... »

Pénuries de guerre :

« Je me souviens que pendant la dernière guerre, lorsque j'étais au ministère de l'Armement, on m'annonçait constam-

---

* Les conférences d'état-major présidées par Churchill commençaient à 21 h 30 et se terminaient rarement avant 2 heures du matin – ce qui convenait parfaitement au Premier ministre, mais à personne d'autre...

ment que nous commencions à manquer de bauxite, d'acier etc. ; mais nous avons tenu bon, et pour finir, c'est seulement de Boches que nous avons manqué : un beau matin, nous sommes arrivés dans nos bureaux pour apprendre qu'ils s'étaient tous rendus[30]. »

21 juin 1941, à son secrétaire John Colville :

« Je n'ai qu'un seul but de guerre : c'est l'anéantissement d'Hitler... Et ma vie s'en trouve considérablement simplifiée[31]... »

Rendant visite à son ancien collège de Harrow le 29 octobre 1941, Churchill découvre qu'un couplet a été ajouté à l'une des chansons traditionnelles du collège ; il y est question de « jours sombres » :

« Ce ne sont pas des jours sombres que nous traversons actuellement : ce sont de grands jours – les plus grands jours que notre pays ait jamais connus. Et nous devons remercier Dieu d'avoir eu le privilège [...] de contribuer à rendre ces jours mémorables dans l'histoire de notre peuple[32]. »

6 août 1941 : Alors que Churchill se rend à Terre-Neuve à bord du Prince of Wales *pour rencontrer le président Roosevelt, le vice-premier ministre Clement Attlee exprime la crainte que le navire soit intercepté dans l'Atlantique nord par le cuirassé allemand* Tirpitz. *Réponse de Churchill :*

« Je crains que nous n'ayons pas cette chance[33]... »

Après la chute de Singapour le 15 février 1942, de nouvelles critiques sur la conduite de la guerre se font jour dans la presse et au Parlement. Churchill les prend très mal, et s'en ouvre au roi George VI lors d'un entretien privé :

« J'ai l'impression de chasser le tigre en étant harcelé par un essaim de guêpes furieuses[34]. »

La préparation de l'opération « Torch » de débarquement en Afrique du Nord provoque la plus grande anxiété à Downing Street. Dans la nuit du 1ᵉʳ octobre, Churchill confie à Eden et Attlee :

« Si "Torch" échoue, je suis cuit ; je devrai partir et laisser la place à l'un d'entre vous[35]. »

Mais dès le mois suivant, les Alliés remportent presque simultanément deux victoires : celle des généraux Alexander et Montgomery à El Alamein, et celle du général Eisenhower lors du débarquement en Algérie et au Maroc. Le 10 novembre 1942, Churchill, immensément soulagé, déclare lors d'un banquet organisé par le lord Maire de Londres :

« La claire lueur de la victoire s'est posée sur les casques de nos soldats ; elle a réchauffé nos cœurs et vivifié nos âmes. Feu M. Venizelos* faisait remarquer que l'Angleterre gagnait toujours une bataille – la dernière. Cette fois, notre pays semble avoir commencé un peu plus tôt. Le général Alexander, avec son brillant second le général Montgomery, a remporté une victoire glorieuse et décisive dans ce qu'il faudrait appeler, je crois, la bataille d'Égypte. L'armée de Rommel a été vaincue ; elle a été mise en déroute ; elle a été en grande partie détruite. [...] Ce

* Premier ministre grec, fervent partisan des Alliés pendant la Grande Guerre.

n'est pas la fin ; ce n'est pas même le commencement de la fin ; mais c'est peut-être bien la fin du commencement[36]. »

À la mi-novembre 1942, au général Brooke, à qui il reproche pour la centième fois de tolérer que l'armée anglaise ait tant de soldats à l'arrière et si peu de combattants face à l'ennemi :

« L'armée est comme un paon : elle est presque toute en queue ! »

Redoutable erreur : le général Brooke, stratège émérite, est aussi un ornithologue passionné, et la réponse fuse.

« Monsieur le Premier ministre, le paon sans sa queue serait un oiseau complètement déséquilibré[37] ! »

Insatisfaction stratégique :

« Je voyais l'Afrique du Nord comme un tremplin, pas comme un sofa[38] ! »

Février 1943, télégramme du maréchal Alexander au Premier ministre : « La tâche que vous m'avez confiée le 10 août 1942 a été exécutée. Les ennemis de Sa Majesté, avec armes et bagages, ont été entièrement éliminés d'Égypte, de Cyrénaïque, de Libye et de Tripolitaine. J'attends à présent de nouvelles instructions. » Churchill à son chef d'état-major :

« Bon, il va falloir que nous trouvions autre chose[39] ! »

7 mai 1943 : à bord du paquebot Queen Mary, *en route pour Washington, Churchill est informé qu'un sous-marin allemand parti de Brest risque de croiser leur route. Il s'en entretient avec l'ambassadeur Harriman* :*

« – Il n'est pas question que je sois capturé ; la meilleure façon de mourir, c'est dans la fureur du combat contre l'ennemi… Évidemment, ce serait moins bien si j'étais dans l'eau et s'ils essayaient de me repêcher. »

– Monsieur le Premier ministre, tout cela me paraît très troublant. Il me semble que vous m'aviez dit que le pire qu'une torpille puisse faire à ce paquebot, avec ses compartiments étanches, ce serait de mettre hors d'usage une salle des chaudières, ce qui nous permettrait encore de naviguer à vingt nœuds… »

– Ah, mais ils pourraient nous envoyer *deux* torpilles… Venez donc voir mon canot de sauvetage[40] ! »

(Sur son canot de sauvetage, Churchill a fait monter une mitrailleuse lourde…)

À la Chambre des communes, 8 juin 1943 :

« Il se pourrait bien que ces coupables engeances qui ont chanté la gloire de la guerre au début se mettent à prêcher les vertus de la paix avant la fin. Mais ce ne serait que justice si ceux qui décident du moment de commencer les guerres n'étaient plus ceux qui décident du moment d'y mettre un terme[41]. »

30 juin 1943, au Guildhall de Londres, discours du Premier ministre en réponse aux pressions de l'opinion publique en faveur de l'ouverture d'un deuxième front :

---

* Averell Harriman, nouvel ambassadeur des États-Unis à Moscou.

« À notre peuple, je dois adresser quelques mots de mise en garde : [...] toutes les grandes opérations amphibies, surtout celles qui nécessitent la coopération de deux pays ou plus, exigent de longs mois de préparation, avec des raffinements et des complexités sans précédent dans l'histoire de la guerre. Les impulsions téméraires, les désirs impatients et les brusques éclairs de génie militaire ne sauraient accélérer le cours des événements[42]. »

Télégramme à son épouse, 21 novembre 1943 :

« Il est terrible de devoir se battre avec les deux mains liées derrière le dos*[43]. »

Marrakech, décembre 1943. Churchill, alité avec une pneumonie aiguë, reçoit la visite de son médecin, lord Moran, qui lui rapporte qu'Hitler, non content de concevoir la politique de guerre, semble s'occuper également d'en planifier tous les détails. À quoi Churchill répond joyeusement :

« C'est exactement ce que je fais moi-même**[44] ! »

Télégramme aux chefs d'état-major, 2 janvier 1944 :

« J'espère que des expressions du genre "invasion de

---

* Churchill voulait faire occuper les îles de Cos et Rhodes, dans le Dodécanèse, mais il en avait été empêché par les Américains – et par ses propres chefs d'état-major.
** C'est précisément ce qui préoccupe ses chefs d'état-major, car les incursions brouillonnes du Premier ministre dans le domaine de la haute stratégie leur font perdre un temps considérable... et sont potentiellement catastrophiques.

l'Europe" ou "assaut contre la forteresse Europe" cesseront désormais d'être employées. J'en parlerai à nouveau au président d'ici peu, en faisant valoir que notre but est de libérer l'Europe de la tyrannie nazie, que nous "pénétrons" dans les pays opprimés plutôt que de les "envahir", et que le mot "invasion" doit être réservé au moment où nous franchirons la frontière allemande*. Inutile de faire cadeau à Hitler de l'idée qu'il puisse être le défenseur d'une Europe que nous chercherions à envahir[45]. »

Juin 1944. Alors que les premières fusées allemandes V1 s'abattent sur l'Angleterre, il est décidé d'utiliser les sirènes d'alerte le moins possible. Commentaire du Premier ministre :

« Il faut bien dormir, et ensuite on se réveillera reposé… ou dans un monde meilleur[46] ! »

Télégramme au président Roosevelt, 19 juillet 1944, alors que les difficultés se multiplient avec l'allié soviétique :

« Il semble que nous soyons en train de gagner la guerre, mais un redoutable cortège de problèmes nous investit de toutes parts, et quant à moi, je crois que rien d'autre que le sens du devoir ne pourrait m'amener à y faire face**[47]. »

29 décembre 1944 : Churchill s'est rendu à Athènes, en proie à la guerre civile. En sortant d'un bâtiment où il a réuni les principaux protagonistes du conflit, il est pris pour cible

---

* De fait, le président Roosevelt emploie constamment les mots d'« envahir » et d'« occuper » les pays d'Europe occidentale qui sont sous le joug nazi.
** Une des nombreuses allusions de Churchill au fait qu'il pourrait quitter ses fonctions après la victoire.

par un tireur isolé, qui le manque de peu. Commentaire du rescapé :

« Quel culot[48] ! »

Message à Anthony Eden le 25 janvier 1945, huit jours avant son départ pour Yalta :

« Le seul espoir du monde réside dans un accord entre les grandes puissances. Si elles se querellent, nos enfants sont perdus[49]. »

Télégramme à son épouse, 5 mai 1945, alors que la résistance allemande est sur le point de s'effondrer :

« Je n'ai pas besoin de te dire que derrière ces triomphes, il y a des politiques empoisonnées et de mortelles rivalités internationales[50]. »

16 mai 1945, huit jours après la fin de la guerre en Europe :

« Quand les aigles se taisent, les perroquets commencent à jacasser*[51]. »

---

* Si l'on en croit son chef d'état-major, Churchill incluait ce jour-là le maréchal Tito et le général de Gaulle dans la seconde catégorie de volatiles…

Chapitre VII

LA FRANCE

Souvenirs d'enfance :

« Ma nurse, Mrs Everest, qui m'avait jadis promené en lan-
dau de haut en bas de ce qu'elle appelait les "Shams Elizzie",
avait une bien piètre opinion de la France[1]. »

*En 1883, le petit Winston, neuf ans, traverse la place de la
Concorde en compagnie de son père :*

« J'étais un enfant observateur, et je remarquai que l'un des
monuments était recouvert de voiles noirs. J'en demandai aussitôt la raison à mon père, et il me répondit : "Ce sont les monuments des provinces de France. Deux d'entre elles, l'Alsace et la
Lorraine, ont été enlevées à la France par les Allemands pendant
la dernière guerre. Les Français en sont très affligés et espèrent
les reprendre un jour." Je me souviens très bien m'être dit à ce
moment-là : "J'espère bien qu'ils les reprendront"[2] »

*À seize ans, le collégien réticent Winston Churchill se dis-
tingue par des notes particulièrement médiocres en français. Le
directeur du collège ayant recommandé un séjour en France,
lord Randolph Churchill et son épouse décident d'envoyer leur
fils dans une famille française pour les vacances. Ce séjour lin-*

guistique n'est manifestement pas du goût de l'intéressé, qui écrit à sa mère :

« Je vous prie et vous supplie de ne pas m'expédier dans une famille française infâme, ignoble, moisie, infecte et bestiale[3]. »

(Il sera tout de même envoyé en France, avec des résultats proportionnés à son enthousiasme. Voir chapitre suivant...)

À l'été de 1907, le jeune ministre Churchill assiste aux manœuvres de l'armée française :

« En ce temps-là, les soldats portaient des tuniques bleues et des pantalons rouges, et ils manœuvraient encore en ordre serré. Lorsque, au plus fort de ces manœuvres, je vis les grandes formations françaises enlever une position au son de la Marseillaise, il m'apparut que ces vaillantes baïonnettes qui avaient conquis les Droits de l'Homme sauraient aussi les défendre, et que les libertés de l'Europe seraient bien gardées[4]. »

Discours au Club libéral écossais, Édimbourg, 17 juillet 1909 :

« Cette hostilité dont on nous disait qu'elle déboucherait inévitablement sur une guerre avec la France, je l'ai vue se transformer en un lien d'amitié et d'unité tel qu'il n'en a jamais existé auparavant entre nos deux peuples[5]. »

La Grande Guerre scellera l'attachement de Churchill à la France ; la bravoure et la ténacité du fantassin français, la fraternité d'armes entre Français et Britanniques sur d'innombrables champs de bataille ont enflammé son imagination romanesque – d'autant qu'il en a été personnellement témoin durant les six mois passés au front durant l'hiver 1915-1916. Par la suite, en tant que ministre de l'Armement, il va faire la connaissance de leurs chefs, comme le général Foch :

« Ses attitudes, sa grande allure, ses gestes vigoureux et souvent très suggestifs qui n'échappaient au comique que par la puissance de son expression, enfin la hardiesse de ses idées lorsque quelque chose avait éveillé son intérêt, tout cela me fit une vive impression. Qu'il lançât des armées ou des idées, il ne cessait jamais de combattre. [...] La France de Foch, c'était la France dont la grâce et la culture, l'étiquette et le cérémonial avaient répandu leurs bienfaits dans le monde entier – le pays de la chevalerie, de Versailles, et surtout de Jeanne d'Arc[6]. »

Et le président du Conseil Clemenceau :

« Pour autant qu'un seul homme, extraordinairement grandi, puisse jamais incarner une nation, Clemenceau incarnait la France. On se plaît à symboliser les nations par des animaux – le lion britannique, l'aigle américain, l'aigle russe à deux têtes, le coq gaulois. Mais le vieux tigre, avec son bonnet étrange et élégant, sa moustache blanche et son regard de feu, serait pour la France une bien meilleure mascotte que n'importe quel animal de basse-cour. Il paraissait issu tout droit de la Révolution française à son plus sublime moment[7]. »

29 décembre 1917, le ministre de l'Armement Churchill écrit à son ancien second Archibald Sinclair :

« Il faut que la France gagne et qu'elle sache qu'elle a gagné ; il faut que l'Allemagne soit battue et qu'elle sache qu'elle est battue. [...] Pour moi, l'Alsace-Lorraine sera le symbole et la mesure de la victoire[8]. »

En juillet 1921, le ministre des Colonies Churchill déclare aux Premiers ministres des Dominions :

« Il est bien évident [...] que nous avons des devoirs envers la France, car elle a renoncé à revendiquer des positions stratégiques fortes le long du Rhin, comme ses maréchaux lui conseillaient de le faire [...]. Nous lui avons promis que si elle renonçait à ces positions stratégiques, l'Angleterre et l'Amérique viendraient l'appuyer en cas de nécessité [...]. Mais il faut reconnaître qu'en raison de la défection de l'Amérique, le traité a été pratiquement invalidé, et que la France s'est retrouvée sans garantie anglo-américaine ni frontière stratégique sur le Rhin. De ce fait, une crainte profonde s'est installée au cœur des Français, et cela est bien compréhensible [...]. Si un moyen se présentait d'apaiser cette crainte, je crois que nous devrions le prendre très soigneusement en considération [9]. »

4 mai 1923, au moment où l'occupation de la Ruhr par la France est très impopulaire en Angleterre, Churchill, redevenu simple député, reste un solide défenseur de la France :

« Nous ne devons pas permettre que notre attachement à cette grande nation qu'est la France se trouve altéré par une simple péripétie de la politique française. Nous ne devons tourner le dos ni à nos amis ni à notre passé [10]. »

Article signé Winston Churchill dans Nash's Pall Mall Magazine, *24 septembre 1924 :*

« La France est armée jusqu'aux dents ; l'Allemagne a été désarmée dans une grande mesure, et son organisation militaire a été démantelée. Les Français espèrent faire durer cet état de choses grâce à leur appareil militaire, au bouclier de leurs forteresses, à leurs soldats noirs et à un système d'alliance avec les petits États européens ; et pour l'heure en tout cas, ils disposent d'une force écrasante. Mais la seule puissance matérielle, sans le soutien de l'opinion mondiale, ne saurait fonder la sécurité sur des bases durables[11]. »

Chancelier de l'Échiquier à partir de novembre 1924, Churchill conduit les négociations visant à établir le montant des dettes de guerre françaises envers l'Angleterre ; or, il présente aux Français des conditions extrêmement modérées, et il s'en expliquera le 16 septembre 1925, lors d'un dîner au club conservateur de Birmingham :

« Dans cette affaire, nous n'avons pas cherché à extraire le plus d'argent possible. Nous avons pensé que notre devoir était de prendre en compte non seulement les capacités de paiement de nos débiteurs, mais encore les circonstances dans lesquelles ces dettes ont été contractées[12]. »

Au banquet du Canadian Club, Montréal, 13 août 1929 :

« Pour les Britanniques et les Américains, qui sont à l'abri sous la protection de leur puissance navale, il est aisé de reprocher à la France la taille et la force de son armée. Mais si nous étions des Français demeurant au voisinage d'une puissante nation, dont les hommes en état de porter les armes sont deux fois plus nombreux que les nôtres et qui nous avait envahi à deux reprises de mémoire d'homme, nous ne serions probablement pas très impressionnés par ces reproches, si bien intentionnés soient-ils[13]. »

Jusqu'en 1931, Churchill se prononce en faveur d'une réconciliation entre la France, l'Allemagne et l'Angleterre, dans laquelle il voit le seul véritable gage de sécurité contre une nouvelle guerre. En 1931, il déclare encore :

« Nous devons employer notre influence à réduire l'antagonisme séculaire [...] qui sépare la France et l'Allemagne[14]. »

Mais à mesure qu'Hitler se rapproche du pouvoir et que le parti travailliste britannique continue à prôner une politique de désarmement aux dépens de la France, Churchill revient à sa préoccupation première :

« L'intérêt de la paix en Europe ne serait nullement servi par un affaiblissement de l'armée française, et la Grande-Bretagne n'a aucun intérêt à s'opposer à la France[15]. »

Le 14 mars 1933, alors qu'Hitler est devenu chancelier, le député « conservateur indépendant » Churchill déclare à la Chambre des communes :

« Considérant l'atmosphère qui règne actuellement en Europe, peut-on vraiment s'attendre à ce que la France réduise de moitié son aviation, pour ensuite l'amputer encore du tiers ? Lui donneriez-vous un tel conseil ? Et si elle vous écoutait et qu'elle agissait ainsi, est-ce qu'en cas de guerre, vous vous engageriez à ce que notre pays se porte à son secours ? [...] J'ai lu aujourd'hui dans les journaux que le Premier ministre venait de lancer un ultimatum ou un appel pressant à la France pour qu'elle désarme. Qu'il s'agisse de l'armée ou de l'aviation, vous prenez des risques injustifiables en donnant à l'heure actuelle un tel conseil à une nation amie[16]. »

De même, l'année suivante :

« Je ne puis que recommander la plus grande prudence au gouvernement de Sa Majesté lorsqu'il presse le gouvernement français de réduire ses forces par rapport à celles de l'Allemagne. Du reste, je suis convaincu que la France, qui est à l'heure actuelle l'État le plus pacifique de l'Europe [...] ne commettrait jamais [...] un acte d'agression ouverte contre l'Allemagne, en violation des dispositions du traité et contre l'avis de la Grande-Bretagne, avec laquelle elle entretient des relations aussi amicales[17]. »

En villégiature à Cannes, en septembre 1935, à une femme du monde française :

« Avec l'Allemagne qui réarme à une allure vertigineuse, l'Allemagne perdue dans ses rêves pacifistes, la France corrompue et déchirée par la dissension, l'Amérique lointaine et indifférente, Madame, chère Madame, ne tremblez-vous pas pour vos enfants[18] ? »

À la fin de 1936, alors qu'Hitler a réussi son premier coup de force en remilitarisant la Rhénanie, Churchill persiste à voir dans l'alliance franco-britannique l'unique voie de salut :

« La France et la Grande-Bretagne ont trouvé le chemin de la liberté par des voies bien différentes... Mais tant qu'elles feront cause commune, il sera bien dangereux de les provoquer et bien difficile de les abattre. L'alliance de ceux qui incarnent la tradition et perpétuent l'héritage de la flotte de Nelson et des armées de Napoléon ne sera sûrement pas une proie facile. Et si à ces vertus martiales s'ajoutent les conceptions souveraines de justice et de liberté, alors certes, elle sera invincible[19]. »

Il est vrai que Churchill a une foi inébranlable dans la force de l'armée française, et qu'il continuera à croire à la « supériorité incontestable de l'armée française » longtemps après qu'elle ait cessé d'être incontestable. En septembre 1936, ayant assisté aux manœuvres de l'armée française, il écrit à son épouse :

« Pendant toute la journée, j'ai accompagné le généralissime Gamelin [...]. Les officiers de l'armée française m'ont impressionné par leur sérieux et leur compétence. On sent bien que la force de la nation réside dans son armée[20]. »

En mars 1938, après l'Anschluss, Churchill défend son idéal avec une vigueur accrue :

« La Grande-Bretagne et la France doivent faire cause commune pour assurer leur protection. C'est là que réside la seule sécurité pour ces deux pays. Proclamez-le bien haut, n'en faites pas mystère ! [...] À ce stade, il n'y a guère d'autre solution qu'une alliance défensive avec la France, comportant des obligations bien précises pour les deux pays et tout un ensemble de dispositions concernant la coopération entre états-majors[21]. »

Trois semaines plus tard, il écrit dans le Daily Telegraph *:*

« Si la France tombait, tout s'écroulerait. Alors l'hégémonie des nazis sur l'Europe, et même sur une partie du monde, serait sans doute inévitable[22]. »

Mai 1938, sur le nouveau gouvernement d'Édouard Daladier :

« Dans les deux grandes démocraties de langue anglaise, lorsqu'un homme est aux affaires, il y est ; lorsqu'il n'est plus aux affaires, il n'y est plus – et pour un bon moment. Mais en France, les maîtres accomplis du jeu de chaises musicales, avec leurs lubies et leurs préjugés, leurs mines et leurs gracieusetés, leurs égoïsmes de personnes ou de partis, monopolisent une part indue de l'existence de la France. [...] Comme ils s'exhibent et se pavanent ! Voici par exemple un homme de bien capable de donner toutes les directives nécessaires, mais qu'il bouge d'un centimètre sur sa droite, et il perd le soutien de la gauche ; qu'il bouge d'un centimètre sur sa gauche, et il perd le soutien de la droite. Rebattez les cartes, secouez le kaléidoscope... et les ministres séjournent dans leurs ministères comme des estivants en week-end au Touquet[23]. »

10 octobre 1938, au lendemain de la capitulation de Munich, lettre à Paul Reynaud :

« Je suis extrêmement inquiet de la position prise par la France, et aussi par notre propre pays. Je ne vois pas ce que pourrait être désormais la politique étrangère de la France. [...] Vous avez été contaminés par notre faiblesse, sans avoir été stimulés par notre force. [...] Pendant trente ans, je n'ai cessé de travailler avec la France. Je ne puis défendre la politique de mon propre pays ; mais je ne sais plus aujourd'hui sur quoi compter[24]... »

Au printemps de 1939, après bien des atermoiements, un accord prévoyant la plus étroite coopération militaire, navale et aérienne est enfin signé entre la Grande-Bretagne et la France. Winston Churchill ne cache pas sa satisfaction, et déclare le 19 mai 1939 :

« Certains semblent dire qu'il est très généreux de notre part d'aller au secours de la France. Mais je vous assure qu'au point où en sont les choses, nous avons besoin de l'aide de la France tout autant que la France a besoin de la nôtre[25]. »

Le 3 septembre, à la suite de l'invasion de la Pologne, la Grande-Bretagne et la France déclarent conjointement la guerre à Hitler. On entre alors dans la période de la « Drôle de guerre », pendant laquelle le ministre de la Marine Churchill veut déclencher les opérations offensives, notamment en interrompant l'approvisionnement allemand de minerai de fer passant par le port norvégien de Narvik (« Wilfred »), et en minant les eaux du Rhin à partir de la frontière française (« Royal Marine »). Mais pour cette dernière opération, il lui faut le concours des Français, et il rencontre une résistance inattendue :

« Ma vie durant, j'ai toujours été attaché aux Français, en temps de guerre et pendant toutes leurs épreuves ; je pouvais donc penser qu'ils feraient autant pour moi que pour n'importe quel autre étranger vivant. Mais pendant cette phase de la "Drôle de guerre", il me fut impossible de les décider à agir. Quand je les pressai très vivement, ils employèrent une formule de refus que je n'avais jamais rencontrée auparavant, ni depuis. M. Daladier m'informa, avec une mine extraordinairement compassée, que "le président de la République était intervenu en personne, et qu'il ne fallait entreprendre aucune action agressive de nature à provoquer des représailles contre la France". Cette idée d'éviter d'irriter l'ennemi ne me séduisait nullement. [...] Il semblait admis que des nations civilisées, respectueuses des formes et de la morale, ne devaient jamais frapper avant d'avoir été abattues[26]. »

Au sous-secrétaire d'État américain Sumner Welles, 12 mars 1940 :

« Maintenant que nous sommes entrés dans cette guerre, il nous faut la mener jusqu'à son terme. Si nous devions nous séparer des Français, il ne serait plus jamais possible d'assurer la sécurité en Europe[27]. »

*Le 14 mai 1940, les divisions blindées allemandes fran-
chissent les Ardennes et la Meuse, pour enfoncer les lignes françaises à Sedan et Dinant. Dès le 15 mai, le président du Conseil
Paul Reynaud téléphone à Churchill pour lui dire : « Nous
sommes battus, nous avons perdu la bataille. » Au conseil de
cabinet du lendemain matin, peu avant son départ pour la
France, Churchill déclare :*

« Il est ridicule de croire que la France pourrait être conquise
par cent vingt tanks[28] ! »

*Hélas ! En moins d'un mois, l'impossible devient réalité ;
après la défaite dans le nord et le rembarquement de
Dunkerque, rien ne semble pouvoir contenir la ruée des divisions allemandes. Le 13 juin, Churchill se rend à Tours pour
une ultime réunion du Conseil suprême franco-britannique, où
il déclare à ses interlocuteurs français démoralisés :*

« Je comprends pleinement ce que la France a enduré et ce
qu'elle continue de subir. J'en suis profondément ému, et ne
sous-estime pas les terribles malheurs qui l'accablent. [...] Il
faut nous donner du temps. Nous vous demandons de continuer à lutter aussi longtemps que possible, sinon dans Paris, du
moins derrière Paris, en province ou dans l'Empire. Nous pensons qu'une telle résistance pourrait durer très longtemps, surtout si la France peut compter sur une promesse américaine de
soutien. [...] Si la France, avec sa marine magnifique, avec son
Empire, avec ce qui reste de son armée, mène contre l'Allemagne la grande guérilla, la guerre des communications, si la
lutte continue, si l'Allemagne échoue dans cette destruction de
l'Angleterre qui lui est indispensable, si elle est repoussée dans
deux ou trois mois, si le pouvoir de son arme aérienne à cette
époque est affaibli, brisé, dompté, alors, après des mois de souf-

france, viendra le moment où le régime hitlérien tremblera. […]
Non, la guerre continuera, elle ne peut finir que par notre disparition ou par notre victoire[29]. »

*Mais les mots ne suffisent pas, et tout indique que les Fran-
çais s'apprêtent à abandonner la partie. Dès lors, la préoccupation essentielle de Churchill est que la flotte française ne tombe
pas aux mains des Allemands ; le 15 juin, à son secrétaire John
Colville, qui l'informe que les membres du gouvernement
Reynaud semble perdre pied :*

« Dites-leur qu'ils nous laissent leur flotte, et que nous ne
l'oublierons jamais, mais que s'ils se rendent sans nous consulter, nous ne leur pardonnerons jamais. Nous les traînerons dans
la boue pendant un millénaire… Ne leur dites pas tout de suite,
hein[30] ! »

*Les Français vont pourtant signer l'armistice le 22 juin sans
consulter Churchill, qui déclare aux Communes trois jours plus
tard :*

« La Chambre ne pourra qu'être affligée du sort de la grande
nation et du peuple français, auxquels nous avons été si longtemps associés dans la guerre comme dans la paix, et que nous
avons toujours considérés, à l'égal de nous-mêmes, comme les
dépositaires d'une culture libérale et d'une civilisation tolérante
en Europe[31]. »

*Il reste la perspective de voir la flotte française tomber aux
mains des Allemands, ce qui pourrait s'avérer décisif lors d'une
attaque contre l'Angleterre. Étant donné l'attachement de
Churchill envers la France, c'est un terrible dilemme qui se pose
à lui au début de juillet 1940 – et qui se soldera par l'attaque de*

la flotte française en rade de Mers el-Kébir. Le 4 juillet, au milieu de l'affrontement, Churchill au Premier lord de l'Amirauté :

« C'est bien la première fois depuis le début de la guerre que les Français se battent avec toute leur énergie. Je ne vois pas comment nous pourrons éviter de nous retrouver en guerre avec la France demain[32]. »

Mais cela n'en reste pas moins « la plus pénible et la plus odieuse décision que j'aie jamais eu à prendre[33] ». Churchill s'en explique au Parlement le 14 juillet :

« Lorsqu'un ami et un camarade, aux côtés duquel vous avez affronté de terribles épreuves, est terrassé par un coup décisif, il peut devenir nécessaire de faire en sorte que l'arme qui lui est tombée des mains ne vienne pas renforcer l'arsenal de votre ennemi commun. Mais il ne faut pas garder rancune à votre ami pour ses cris de délire et ses gestes d'agonie. Il ne faut pas ajouter à ses douleurs ; il faut travailler à son rétablissement. L'association d'intérêt entre la France et la Grande-Bretagne demeure ; la cause commune demeure ; le devoir inéluctable demeure[34]. »

Quinze ans plus tard, le vieux francophile confiera à son secrétaire particulier les véritables raisons de la tragédie de Mers el-Kébir :

« Gensoul* n'a pas transmis intégralement les conditions que nous lui avions présentées. Nous avions leurs codes. Tout ce qu'il a dit, c'est qu'ils avaient le choix entre se saborder ou être coulés. Ce n'était pas cela du tout. Nous leur offrions les choix

---

* Le vice-amiral Marcel Gensoul, commandant l'escadre française en rade de Mers el-Kébir.

honorables de combattre à nos côtés pour la libération de la France, de rallier un port des Antilles ou des États-Unis pour y être désarmés, ou encore de naviguer vers un port britannique avec un équipage réduit, qui serait ensuite rapatrié. Si toutes ces solutions étaient rejetées, alors nous exigions qu'ils sabordent leurs navires. J'étais très insatisfait de l'attaque, et elle n'a pas été particulièrement bien menée. Mais elle a montré clairement au monde que nous étions résolus à poursuivre le combat À N'IMPORTE QUEL PRIX*[35] ! »

À l'été de 1940, les nazis et leurs collaborateurs français utilisent pleinement cette tragédie pour amplifier leur propagande antibritannique. Mais ils ne réussissent qu'imparfaitement, comme le racontera Churchill dans ses Mémoires *:*

« Deux familles paysannes d'un village des environs de Toulon avaient perdu chacune un fils lors du bombardement britannique d'Oran. Tous les voisins ont tenu à assister au service funèbre. Les deux familles ont demandé que l'Union Jack soit posé sur les cercueils à côté du pavillon tricolore, et leurs désirs ont été pieusement respectés. C'est en cela que l'on voit à quel point l'esprit de compréhension des petites gens peut toucher au sublime[36]. »

Allocution au peuple français, BBC, 21 octobre 1940 :

« Pendant plus de trente ans, en temps de paix comme en temps de guerre, j'ai marché avec vous et je marche encore avec vous aujourd'hui sur la même route. Ce soir je vous parle, au sein même de vos foyers, où que vous soyez, et quel que soit votre sort. Je répète la prière qui entourait vos louis d'or : "Dieu

---

* À ce stade, son secrétaire a noté : « Là, il s'est mis à crier, ce qui a fait sursauter le chat blanc de Beaverbrook qui était assis sur ses genoux. »

protège la France." Ici, chez nous, en Angleterre, sous le feu du Boche, nous n'oublions pas quels liens et quelles attaches nous unissent à la France : nous continuons à lutter de pied ferme et d'un cœur solide, pour que la liberté soit rétablie en Europe, pour que le peuple soit traité avec justice dans tous les pays, en un mot pour faire triompher la cause qui nous a fait ensemble tirer l'épée. Quand des honnêtes gens se trouvent déconcertés par les attaques et les coups que leur portent les coquins et les méchants, ils doivent faire bien attention de ne pas commencer à se quereller entre eux. C'est ce que l'ennemi commun essaie toujours de provoquer et naturellement, quand la malchance s'y met, bien des choses arrivent qui font le jeu de l'ennemi [...]. Ici, dans cette ville de Londres que Herr Hitler prétend réduire en cendres et que ses avions bombardent en ce moment, nos gens tiennent bon. Notre aviation a fait plus que de tenir tête à l'ennemi. Nous attendons l'invasion promise de longue date. Les poissons aussi. Mais bien sûr, nous n'en sommes encore qu'au commencement. Aujourd'hui, en 1940, comme toujours, nous avons la maîtrise des mers. En 1941, nous aurons la maîtrise de l'air. N'oubliez pas ce que cela veut dire. Herr Hitler, avec ses chars d'assaut et ses autres armes mécaniques et aussi grâce aux intrigues de sa cinquième colonne avec les traîtres, a réussi, pour le moment, à conquérir la plupart des races les plus belles de l'Europe, et son petit complice italien, plein d'espoir et d'appétit, continue à trotter craintivement à son côté. Tous deux veulent découper la France et son Empire. L'un veut la cuisse, et l'autre l'aile.

« Non seulement l'Empire français sera dévoré par ces deux vilains messieurs, mais l'Alsace-Lorraine va une fois encore repasser sous le joug allemand – et Nice, la Savoie et la Corse de Napoléon seront arrachées du beau domaine de la France. Mais M. Hitler ne songe pas seulement à voler le territoire des autres peuples et à en distraire quelques morceaux pour les lancer à son petit chien. Je vous dis la vérité et il faut que vous me croyiez. Cet homme de malheur, ce monstrueux enfant de la haine et de la défaite est résolu à rien de moins qu'à faire entièrement disparaître la nation française, qu'à désagréger sa vie même et par conséquent à ruiner son avenir. [...] S'il est libre d'agir à sa guise, toute l'Europe ne sera plus qu'une Bochie uniforme, offerte à l'exploitation, au pillage et à la brutalité des gangsters nazis. Si je vous parle aussi carrément, excusez-moi, mais ce n'est pas le moment de mâcher les mots [...]. Français ! Armez vos cœurs à neuf avant qu'il ne soit trop tard [...]. Jamais je ne croirai que l'âme de la France soit morte ni que sa place parmi les grandes nations du monde puisse être perdue pour toujours. [...] Maintenant, nous autres Britanniques, que pouvons-nous vous demander aujourd'hui, dans un moment si âpre et si dur ? Ce que nous vous demandons, au milieu de nos efforts pour remporter la victoire que nous partagerons avec vous, c'est que, si vous ne pouvez pas nous aider, au moins vous ne nous fassiez pas obstacle. En effet, vous devez renforcer le bras qui frappe pour vous. Nous croyons que les Français, où qu'ils soient, se sentiront le cœur réchauffé et que la fierté de leur sang tres-saillira dans leurs veines chaque fois que nous remporterons un succès dans les airs, sur mer, ou, plus tard – et cela viendra – sur terre. N'oubliez pas que nous ne nous arrêterons jamais, que nous ne nous lasserons jamais, que jamais nous ne céderons et que notre peuple et notre Empire tout entier se sont voués à la tâche de guérir l'Europe de la pestilence nazie et de sauver le monde d'une nouvelle barbarie. Parmi les Français, ceux qui se trouvent dans l'Empire colonial et ceux qui habitent la France soi-disant inoccupée peuvent, sans doute, de temps à autre, trou-ver l'occasion d'agir utilement. Je n'entre pas dans les détails. Les oreilles ennemies nous écoutent. Les autres, vers qui l'affec-tion anglaise se porte, d'un seul mouvement, parce qu'ils vivent sous la stricte discipline, l'oppression et l'espionnage des Boches, je leur dis : Quand vous pensez à l'avenir, rappelez-vous les mots de ce grand Français que fut Thiers. Il les prononça après 1870, à propos de l'avenir : "Y penser toujours ; n'en par-ler jamais."

Allons, bonne nuit, dormez bien, rassemblez vos forces pour l'aube – car l'aube viendra. Elle se lèvera brillante pour les braves, douce pour les fidèles qui auront souffert, glorieuse sur les tombeaux des héros. Vive la France ! Et vive aussi la marche en avant des peuples de tous les pays qui veulent reconquérir le patrimoine qui leur appartient de plein droit[37]. »

25 octobre 1940, Churchill au professeur Louis Rougier, après qu'une dépêche en provenance de Berne ait fait état de la signature d'un traité de paix séparée entre Hitler et Pétain à Montoire :

« Je vais envoyer l'aviation britannique bombarder Vichy ; je ferai un *broadcast* au peuple français pour lui dire que je poursuivrai son gouvernement de traîtres partout où il se déplacera. »

Pourtant, la nouvelle s'avère fausse, et Churchill reprend sur un ton plus... serein :

« Au cas où le gouvernement français céderait des bases aériennes et navales aux totalitaires, la Grande-Bretagne ne répondrait plus du sort de la France et de son Empire. Dans cette éventualité, la Grande-Bretagne ferait tout ce qui est en son pouvoir pour frapper le gouvernement qui s'est rendu coupable d'une aussi vile trahison[38]. »

Mais il ajoute :

« Si le général Weygand brandissait l'étendard de la rébellion en Afrique du Nord, il pourrait compter à nouveau sur l'appui inconditionnel des gouvernements et des peuples de l'Empire, ainsi que sur une part de l'aide apportée par le gouvernement des États-Unis d'Amérique[39]. »

Au général de Gaulle, 6 juin 1941 :

« À l'heure où Vichy atteint de nouveau le fond de l'ignominie, la loyauté et le courage des Français libres sauvent la gloire de la France[40]. »

Moscou, 12 août 1942, à Joseph Staline :

« L'opération "Torch" [de débarquement en Afrique du Nord] va probablement amener les Allemands à envahir la zone libre de France, mais peu m'importe s'ils jettent Pétain à la mer ou pas[41]. »

25 août 1942, au général Clark, adjoint du général Eisenhower pour l'opération « Torch » :

« "Torch" est l'opération qui va nous permettre de gagner la guerre. [...] Mais le premier combat qu'il nous faut remporter, c'est le combat pour éviter d'avoir à combattre les Français[42]. »

Au banquet du lord Maire, Mansion House, 10 novembre 1942 :

« À cette heure, nos pensées vont vers la France qui gémit sous la botte allemande. Beaucoup se posent la question : est-ce la fin de la France ? Cette longue et célèbre histoire, illuminée par tant de manifestations de génie et de vaillance, incarnant tant de choses précieuses pour la culture, la civilisation et par-dessus tout les libertés humaines – tout cela est-il destiné à s'enfoncer pour toujours dans l'océan du passé, ou bien la France va-t-elle ressusciter et reprendre la place qui lui revient de droit dans ce qui pourrait bien redevenir un jour la famille européenne ? [...] Je vous affirme ici ma conviction que la France se relèvera[43]. »

10 décembre 1942 ; en session secrète à la Chambre des communes, Churchill explique le comportement français lors du débarquement allié en Afrique du Nord :

« Le Tout Puissant, dans son infinie sagesse, n'a pas jugé bon de créer les Français à l'image des Anglais[44]. »

Depuis Casablanca, 24 janvier 1943, lettre à son épouse :

« Beaucoup de ces Français (en Afrique du Nord) se détestent bien plus qu'ils ne détestent les Allemands, et tous ceux que j'ai rencontrés s'intéressent bien plus au pouvoir qu'à la libération de la France. Lorsqu'un pays subit une aussi terrible catastrophe, tous les autres maux fondent sur lui comme des corbeaux charognards[45]. »

12 juin 1944, Churchill débarque en Normandie libérée avec ses chefs d'état-major. Entre Courseulles et Bayeux, tous s'étonnent de trouver une campagne qui semble avoir peu souffert des privations de la guerre. Churchill :

« Nous sommes environnés de bétails fort gras qui nous regardent passer les pattes croisées au milieu de pâturages luxuriants[46]. »

À bord du Queen Mary, 20 septembre 1944 :

«Ces dernières années, mes illusions au sujet des Français ont été fortement entamées*[47]. »

25 novembre 1944, note à l'attention d'Anthony Eden au sujet d'un projet d'Union des nations d'Europe occidentale :

« Tous ces pays sont désespérément faibles. Que l'Angleterre s'engage à les défendre [...] avant que les Français aient la deuxième armée d'Europe me semble contraire à la sagesse, et même à la prudence la plus élémentaire. [...] Les choses seraient différentes si les Français devenaient notablement amicaux à notre égard, s'ils étaient disposés à servir de barrière contre la seule autre puissance capable de menacer l'Europe occidentale après l'extirpation de la force militaire allemande, et s'ils formaient une armée comparable à celle de 1914. Mais il y a une deuxième condition, car les Français pourraient tout à fait décider de s'allier à la Russie ; cette condition, c'est la constitution de l'Organisation mondiale[48]. »

Note du 19 janvier 1945 au sujet d'une participation française à la conférence de Yalta :

« Pour l'heure, la France n'apporte qu'une très faible contribution à l'effort de guerre commun. [...] Vraiment, la France a déjà suffisamment à faire pour se maintenir en vie pendant l'hiver et le printemps, et elle ne peut se faire passer pour une grande puissance dans la guerre actuelle[49]. »

Yalta, février 1945 ; Staline et Roosevelt s'opposent à ce que la France reçoive une zone d'occupation en Allemagne et parti-

---

* Le général de Gaulle est naturellement à l'origine de cette désaffection... Voir chapitre IX.

cipe à la commission de contrôle. Churchill, utilement conseillé par Eden, est d'un avis contraire :

« Les Français veulent une zone d'occupation, et je suis d'avis de leur en donner une. Je suis d'ailleurs tout à fait disposé à leur rétrocéder une partie de la zone britannique. [...] Les Français ont déjà une longue expérience de l'occupation de l'Allemagne. Ils font cela très bien, et ne risquent pas de se montrer trop indulgents. Nous voulons voir se renforcer leur puissance, afin qu'ils nous aident à tenir l'Allemagne en respect. [...] L'opinion publique britannique ne comprendrait pas que des décisions concernant l'Allemagne et ayant une importance vitale pour la France puissent se prendre en l'absence des Français[50]. »

(Churchill finira par avoir gain de cause : Roosevelt et Staline s'inclineront, et la France aura une zone d'occupation en Allemagne, ainsi qu'un siège à la commission de contrôle.)

Au cours de la conférence de Yalta, Churchill a été intrigué par les commentaires de Staline au sujet de la France. À son médecin, lord Moran :

« Pensez-vous que Staline lit des livres ? Il parle de la France comme d'un pays sans passé. Est-ce qu'il connaît son histoire[51] ? »

7 avril 1946, devant la perspective d'une victoire électorale du parti communiste en France, Churchill écrit à l'ambassadeur Duff Cooper :

« Je suis naturellement très chagriné de voir la France retomber dans l'aveuglement politique, et bien sûr, si elle devenait vraiment communiste, je la considérerais comme ruinée à jamais. [...] je ne viendrai en France qu'après les élections. J'espère que même une France communiste ne m'interdira pas d'aller à Monte-Carlo*[52]. »

Discours de Zurich, 19 septembre 1946 :

« Je vais vous dire une chose qui va vous étonner : la première étape de la reconstitution d'une famille de nations européennes doit être l'avènement d'une entente franco-allemande. C'est seulement ainsi que la France pourra exercer à nouveau son autorité morale sur l'Europe. Et l'Europe ne saurait se reconstituer sans le rayonnement spirituel de la France et de l'Allemagne[53]. »

Quatre ans plus tard, Churchill observe avec inquiétude la confusion politique qui règne dans la France de la IVe République. Discours électoral à la mairie de Leeds, 4 février 1950 :

« Je me réjouis de l'incontestable reprise économique française, mais je voudrais vous mettre en garde : le tourniquet politique français, qui distrait tant les politiciens et les ardents partis entre lesquels ils se divisent, serait fatal à la Grande-Bretagne. Nous ne pouvons nous permettre d'avoir à Westminster un intermède politique à la française[54]. »

Le 6 novembre 1958, à l'Hôtel Matignon, sir Winston Churchill reçoit la Croix de la Libération :

« Je crois pouvoir dire que j'ai toujours été un ami de la France. Il est vrai qu'au cours de toutes les entreprises et des graves événements auxquels nous avons été mêlés lors de ce dernier demi-siècle, votre grande nation et votre vaillant peuple

* Churchill était un joueur compulsif, sur qui le casino de Monte-Carlo exerçait un attrait irrésistible.

ont occupé dans mes pensées et dans mon affection une place privilégiée […]. Nul ne sait ce que nous réserve l'avenir, mais il est certain que si la Grande-Bretagne et la France, qui sont depuis si longtemps à l'avant-garde de la civilisation occidentale, restent unies, avec leurs Empires, leurs amis américains et leurs autres alliés, alors tous les espoirs nous sont permis. Je vous remercie tous pour l'honneur que vous m'avez fait. Vive la France[55] ! »

Chapitre VIII

LE... FRANÇAIS

Lettre à sa mère lors d'un séjour linguistique à Chamonix, 23 août 1893 :

« Tu devrais m'entendre parler. Mon français impressionne énormément les serveurs de l'hôtel[1]. »

(Il impressionnera également le reste du monde pendant les soixante-douze ans à venir...)

Au ministre des Affaires étrangères Delcassé, 1er février 1915 :

« Nous sommes gens qu'ils peuvent compter sur*[2]... »

Mars 1938, à Léon Blum et Joseph Paul-Boncour :

« Nous devons faire bonne**[3] ! »

---

* Traduction un peu trop littérale de « *We are people they can depend on.* » Le Premier ministre Herbert Asquith, présent à cette occasion, notera dans son journal : « Winston s'est montré extrêmement éloquent, dans le pire français qu'on ait jamais entendu. »
** Traduction tout aussi littérale de : « *We must make good* » (Nous devons honorer nos engagements). Dans son rapport à Londres sur cette entrevue,

5 avril 1940, lors d'un déjeuner à Paris avec le général Georges, le Premier lord de l'Amirauté Churchill se plaint de la pusillanimité des gouvernements français et britannique, qui ont renoncé successivement à plusieurs actions offensives pour devancer l'attaque allemande :

« Nous allons perdre l'omnibus*4 ! »

Lors de sa première visite à Paris en tant que Premier ministre, Churchill explique à des députés français la composition de son gouvernement de coalition, et la place dévolue aux ministres qui le soutiennent aux Communes :

« Eh bien, quand je regarde ma derrière, je vois qu'elle est divisée en deux parts5... »

À l'ambassadeur Ronald Campbell, qui lui fait discrètement remarquer après l'entretien que l'on ne dit pas : « ma derrière » :

« Ow, je suppose que j'aurais dû dire : mong derrière ! »

16 mai 1940, au Quai d'Orsay. Le général Gamelin dresse devant ses interlocuteurs britanniques un sombre tableau de la situation militaire : les Allemands avancent sur Amiens et Arras à une vitesse effarante ; leurs colonnes blindées ont déjà ouvert une large brèche d'est en ouest, qui a coupé en deux les armées alliées et formé un saillant large de cinquante kilo-

---

l'ambassadeur de Grande-Bretagne sir Eric Phipps a ajouté : « Boncour en est resté interloqué, et il se peut même qu'il ait pris cela dans un sens inconvenant. »
*   « We shall miss the bus ! »

mètres. Lorsque Gamelin achève son triste récit, Churchill lui donne une grande claque sur l'épaule – qui le fait sursauter –, et lui dit :

« De toute évidence, ce sera la bataille de la Boulge* ... Quand et où allons-nous contre-attaquer[6] ? »

Mais Gamelin lui répond qu'il n'a pas les moyens de contre-attaquer, à moins que les Britanniques ne lui fournissent un appui aérien pour arrêter les blindés allemands. Churchill :

« Mong Général, on ne peut pas arrêter les chars avec des avions de chasse. Il faut des canons – Poof ! Mais si vous voulez nettoyer le ciel, je demanderai de mon Cabinet[7]. »

Paris, 31 mai 1940, Conseil suprême franco-britannique au ministère de la Guerre. L'évacuation de Dunkerque domine les délibérations. Il est proposé de faire embarquer les troupes défendant la tête de pont, en commençant par les forces britanniques. Churchill :

« Nong ! Partage – bras dessus, bras dessous[8]... »

Conseil franco-britannique à Briare, 11 juin 1940. La situation militaire en France est pratiquement désespérée, et le général Weygand demande à Churchill ce qu'il ferait si les Allemands parvenaient à envahir l'Angleterre. Le Premier ministre de Sa Majesté lui répond qu'il n'a pas examiné la question de très près, mais qu'en gros, il se proposerait d'en couler le plus possible pendant leur traversée, puis :

---

* *The battle of the bulge* : la bataille du saillant.

« Nous frapperons sur la tête ceux qui parviendraient à se traîner à la terre[9]. »

3 septembre 1940… Dix semaines après l'armistice, Churchill est très contrarié par les difficultés de communication avec la France. Au ministre Hugh Dalton, il confie :

« Je ne peux même pas trouver un Américain pour porter une lettre au général Georges. Oh, ce serait une lettre très courte. Je dirais seulement, comme Thiers : "On pensez toujours ! On parlez jamais !" Il comprendrait. Je n'aurais pas besoin d'en dire plus[10]. »

À un officier des Forces françaises libres, auquel il tente d'expliquer ce qu'est le British Women's Voluntary Service (Service des Volontaires féminines britanniques) :

« Ce sont les femmes qu'on ne paie pas[11]… »

Instructions de Churchill à Michel Saint-Denis, chargé de traduire en français son allocution radiodiffusée du 21 octobre 1940 :

« Je veux qu'on comprenne que c'est du Churchill, pas du Michel Saint-Denis ou même du français. Tâchez de ne pas le faire en trop bon français[12] ! »

Conseil au général Giraud, qui s'apprête à lancer un appel radiodiffusé aux Français d'Afrique du Nord, 12 décembre 1942 :

« C'est le moment pour frapper le mot droit*[13] ! »

---

* Une traduction typiquement churchillienne de « *Now is the time to hit the right note* ». (C'est le moment de trouver le ton juste.)

En janvier 1943, lors de la conférence de Casablanca, Churchill dîne avec le général Noguès, résident général au Maroc. C'est un vichyste pur et dur, dont le retournement opportuniste inspire aux Alliés une méfiance certaine. Churchill :

« Vous ne câblerez pas à Berlin que nous sommes ici, hein ? »

Noguès, avec un air peiné :

« Bien sûr que non, Monsieur le Premier ministre... »

Churchill :

« Parce que cette nuit, clair de la lune, et très bon pour bombarder ! »

Puis, avec un mouvement expressif du cigare :

« Et si on bombardait nous, on bombardait aussi vous[14] ! »

Au général de Gaulle lors de cette même conférence, 22 janvier 1943 :

« Mong Général, si vous m'obstaclerez, je vous liquiderai[15] ! »

4 décembre 1943, Churchill, espérant entraîner les Turcs dans la guerre, s'entretient au Caire avec le président Inönü, son Premier ministre et son ministre des Affaires étrangères. Aucun des trois ne parlant un mot d'anglais, Churchill entame la conversation dans un mélange de français d'écolier et d'anglais francisé. Devant la perplexité de ses interlocuteurs turcs, Anthony Eden, dont le français est impeccable, s'offre à servir d'intermédiaire. Mais il est rapidement interrompu par Churchill :

« *S'il te plaît,* arrête de traduire mon français en français [16] ! »

À Marrakech, le 12 janvier 1944, Churchill s'entretient en français avec le général de Gaulle. Au milieu de la conversation, il chuchote en anglais à l'ambassadeur Duff Cooper, assez fort pour être entendu de tous :

« Je ne me débrouille pas mal, n'est-ce pas ? Maintenant que le Général parle si bien l'anglais, il comprend parfaitement mon français* [17] ! »

Discours improvisé à l'Hôtel de Ville de Paris, devant le maire, le conseil municipal, le Comité parisien de la Libération et le Conseil national de la Résistance, 12 novembre 1944 :

« C'est avec des sentiments très… vives que je me trouve ici cet après-midi ; et je vais vous donner avertissement : prenez garde, parce que je vais parler – essayer de parler – français… *(Rires)* Exercice formidable, et une qui fera les plus grandes demandes sur votre amitié pour la Grande-Bretagne ! *(Rires)* Ici à Paris, c'est une réalisation extraordinaire pour moi… Jamais j'ai perdu la foi dans les citoyens de Paris. Dans les années dures, quand vous étiez sous le joug des Boches, et nous avons le Blitz, qui était une moindre maux en comparaison… Pendant toutes ces années, j'ai eu toujours le sentiment d'unité avec le peuple de Paris… *(Applaudissements)* Je n'ai jamais perdu ma foi dans l'armée française, jamais ! C'est bien possible que il y a des affaires mécaniques qui peut être prises par l'ennemi, et qui

---

* Sans doute la seule occasion pendant la guerre où l'on a vu le général de Gaulle rire aux éclats…

ne donnent pas aux gens les possibilités de montrer leur courage, leur dévouement, leur... leur... habilité dans les affaires militaires. Et il y avait des choses comme ça, et nous aussi s'il n'était pas pour la Manche, aura été mis à une dure épreuve. Si on est attaqués par 2 000 chars d'assaut sans les canons qui les peuvent tuer, et sans les autres chars d'assaut... Alors je suis sûr que s'il y avait une opportunité de combattre à l'égal, l'armée française aura montré et... allait montrer ses qualités qui (sont ?) rendre sa renommée impérissable dans les pages d'histoire. Les grands hommes du passé, Clemenceau, Foch, et Napoléon... J'ai été hier près le tombeau de Napoléon. Soyez tranquilles, la puissance de l'armée française... Je parle ici non seulement à vous, mais j'explique les sentiments de l'Angleterre, et aussi la politique de sa gouvernement... L'armée française, une forte armée, une forte armée le plus vite possible, est absolument nécessaire... *(Applaudissements)* pour rétablir l'équipoise* de l'Europe et de donner les éléments de stabilité, et de virilité, qui sont tant désirés par ce monde si affreusement euh... frappé. Je vous ai dit quand j'ai fait un discours en français de Londres, il y a quatre ans presque à la semaine, j'ai dit que j'avais toujours la certitude que la France reprend sa place avec les plus grands nations du monde, et qu'elle apporte son influence sur toute la euh... développement cultural, progressif et militaire de les nations du monde. Alors j'ai tressailli quand j'étais sur le front en Italie, quand la nouvelle a été portée de la révolte de Paris, et je réjouis avec vous que Paris a été libéré, libéré par un effort véhément, vigoureux, audace du peuple de Paris, et guidé par beaucoup des hommes et des femmes que je vois ici à ce moment... *(Applaudissements)* C'est une grande chose, et la Division Leclerc... moi j'ai fait le plus possible pour que cette division était en France... *(Applaudissements)* Je ne pouvais pas prophétiser sur ce qui va arriver, mais j'ai fait le plus possible pour avoir le transportation par mer et les équipements, des armes lourdes, arranger pour cette division ; et quelle chance

---

* *Équipoise* : l'équilibre.

heureuse, qui l'a apportée ici à Paris au moment quand elle peut aider le mouvement vigoureux et véhément fait par les citoyens de libérer eux-mêmes la grande cité de l'histoire. Maintenant, la plupart de la France est libérée, les grandes batailles s'engagent, je comprends très bien comme vous voulez prendre le plus grand part possible dans les batailles, c'est nécessaire que vous soitez aidés le plus possible par les Alliés. Vos soldats ont déjà en Italie donné des preuves de leur habilité, qui ont frappé des coups sérieuses contre les Allemands là-bas. Mais c'est ici sur le front que vous voulez être représentés par le plus puissant élément qui c'est possible de mettre en pied. Mais je vous assure que c'est pas possible de faire prolonger la guerre *(Rires)*, parce que c'est possible que dans six mois, notre ennemi acharné sera battu à la terre, et que le besoin d'avoir une ligne de divisions modernes sera passé pour une part. Alors nous ferons le mieux possible pour la force de la France de s'engager contre les Allemands dans les mois qui nous restent de cette guerre affreuse [...]. C'est un moment quand toute la force de la nation soit dirigée pour fonder inébranlement la grandeur et l'autorité de la grande nation française. Et heureusement, vous avez en ce moment à votre tête un chef incontestable, le général de Gaulle *(Applaudissements)* Euh... J'ai eu mes discussions assez vives de temps en temps avec lui... *(Rires)* dans les affaires de cette guerre difficile et obstinée. Mais je suis absolument sûr que vous devriez rallier autour de votre chef, et faire le plus possible d'avoir la force une et indivisible, et c'est le moment d'oublier beaucoup des choses et de souvenir des grandes choses, et c'est le moment que la France reprend sa place avec les puissances euh... les autres grandes puissances, et marcher avec eux non seulement à la balayement des Prussiens de votre territoire, non seulement à leur écrasement de la... (livre d'honneur ?), non seulement à arranger les choses comme il doit être arrangé pour nous protéger contre une répétition de cette horreur que nous avons souffert deux fois dans ma vie. C'est pas seulement ça, mais aussi pour que la gloire de la France dans tant de sphères soit concentrée et contribuait à la grand mouvement de progrès qui passe dans les cœurs des hommes et des femmes généreux dans tant de contrées du monde ! (*Applaudissements, vivats*) [18]. »

Début d'un discours à Anvers, novembre 1945 :

« Je suis très heureux d'être rentré enfin à l'Anvers [19] ! »

Fin d'un discours à Bruxelles, novembre 1945 :

« Vive la Bruxelles [20] ! »

Au préfet Moatti, lors d'un séjour sur la Côte d'Azur :

« Est-ce que je vous fais de la peine quand j'assassine vos gendres* [21] ? »

6 novembre 1958, discours à l'Hôtel Matignon :

« Aujourd'hui, je m'adresserai à vous en anglais. Il est vrai que j'ai souvent prononcé des discours en français, mais c'était en temps de guerre, et je préfère vous épargner les rudes épreuves de jadis [22]. »

---

* Traduction libre de « *genders* » – les genres. Effectivement, Churchill avait du mal à distinguer *le* de *la*, et employait invariablement l'un pour l'autre...

Chapitre IX

DE GAULLE

À Franklin Roosevelt, au soir du 12 juin 1940 :

« Reynaud est partisan de continuer la lutte, et il est secondé par un certain général de Gaulle, qui est jeune et pense que l'on peut faire beaucoup[1]. »

Londres, 16 juin 1940. Après la visite du général de Gaulle venu lui présenter le projet d'union franco-britannique, Churchill note :

« J'ai eu l'impression que, sous son attitude impassible, il possédait une surprenante sensibilité à la douleur. En présence de cet homme très grand et flegmatique, je ne pouvais m'empêcher de penser : "Voilà le Connétable de France"[2]. »

Devant le Cabinet de guerre, 23 juin 1940 :

« Le général de Gaulle est un excellent soldat, qui a une bonne réputation et une forte personnalité. C'est sans doute l'homme qu'il faudrait pour constituer un Comité national français[3]. »

Aux membres du gouvernement, 5 août 1940 :

« Depuis la défection du gouvernement de Bordeaux, nous nous sommes attachés à établir, aussi loin que possible à l'intérieur de l'Empire français, l'administration d'une autorité française favorable au gouvernement de Sa Majesté et hostile à l'Allemagne. Le général de Gaulle et les Forces françaises libres actuellement en Grande-Bretagne ont également cet objectif, et il est normal que nous les assistions par tous les moyens. [...] Si l'Inde française désire avoir avec nous des relations commerciales, il faut qu'elle se rallie au général de Gaulle. Sinon, pas de commerce ! Dans une affaire comme celle-ci, il ne s'agit pas de se montrer complaisant[4]. »

Aux Communes, 8 octobre 1940, après l'échec de Dakar et les nombreuses attaques dans la presse contre le général de Gaulle :

« Je ne doute nullement que le général de Gaulle ait eu raison de croire que la majorité des Français était favorable à la France libre. Je dirais même qu'il a fait preuve à cette occasion d'un jugement très sûr, et que son comportement dans ces circonstances extraordinairement difficiles n'a fait qu'accroître la considération que nous lui portions. Le Gouvernement de Sa Majesté n'abandonnera certainement pas la cause du général de Gaulle avant qu'elle ne se confonde avec la cause de la France, ce qui ne saurait manquer de se produire[5]. »

8 novembre 1940, après les contacts indirects de Churchill avec Vichy par l'intermédiaire du professeur Rougier :

« De Gaulle voyait naturellement d'un très mauvais œil toutes tractations de notre part avec Vichy. Il estimait que nous avions un devoir de loyauté envers lui seul. Pour soigner son image de marque auprès du peuple français, il lui paraissait également indispensable d'adopter envers "la perfide Albion" une attitude fière et hautaine, alors qu'il n'était qu'un exilé vivant parmi nous et tributaire de notre protection. Il lui fallait se montrer intraitable envers les Anglais, afin de prouver aux Français qu'il n'était pas à la solde de l'Angleterre. On peut vraiment dire qu'il a poursuivi cette politique avec persévérance[6]. »

21 décembre 1940, au chargé d'affaires canadien Dupuy, de retour de Vichy, qui lui conseille de « dire à de Gaulle de ne pas exercer ses activités aux dépens des Français et de se contenter de combattre les Italiens » :

« Je n'ai nullement l'intention de ligoter mes amis et d'en faire des ennemis, dans l'espoir que mes ennemis deviendront un jour mes amis[7] ! »

16 février 1941, au ministre de la Guerre économique :

« Nous ne devons pas trop brider de Gaulle. Nous n'avons jamais reçu la moindre marque de faveur ou même de courtoisie de la part de Vichy, et le mouvement de la France libre reste la base de notre politique. Je suis sûr que si vous vous concertez avec de Gaulle ou les siens, tout ira bien. J'estime que c'est de loin le meilleur Français actuellement dans l'arène, et je désire qu'on en prenne soin le plus possible[8]. »

7 août 1941, après l'affaire de Syrie, le désastreux armistice de Saint-Jean-d'Acre et l'affrontement entre de Gaulle et le ministre d'État britannique Lyttelton qui s'ensuit, Churchill écrit dans une note au Foreign Office :

« De Gaulle avait sans doute quelques raisons d'être indigné [...] mais il a pratiquement tout gâché par les propos immodérés et anglophobes qu'il a tenus devant M. Lyttelton et en privé[9]. »

Après les déclarations vengeresses du général de Gaulle au journaliste américain George Weller à Brazzaville, le 26 août 1941, Churchill écrit à Eden :

« Si cette interview est authentique, il est évident que de Gaulle a perdu la tête. Ce serait vraiment un bon débarras, et cela nous simplifiera les choses à l'avenir[10]. »

À de Gaulle le 30 septembre 1942, après l'affaire de Madagascar et les heurts au Levant :

« Vous dites que vous êtes la France ! Vous n'êtes pas la France ! Je ne vous reconnais pas comme la France ! [...] J'avais espéré que nous pourrions combattre côte à côte. Mais mes espoirs ont été déçus, parce que vous êtes si combatif que non content de lutter contre l'Allemagne, l'Italie et le Japon, vous voulez aussi combattre l'Angleterre et l'Amérique*[11] ! »

Discours au Parlement en session secrète, 12 décembre 1942 :

« Vous auriez tort de croire que le général de Gaulle est un ami indéfectible de l'Angleterre. Au contraire, je crois qu'il fait partie de ces bons Français dont le cœur est marqué depuis

---

* Réponse du Général : « Je prends cela pour une plaisanterie, mais elle n'est pas du meilleur goût... »

longtemps par des siècles de guerre contre l'Angleterre. [...] Je ne vous recommanderais pas de fonder tous vos espoirs et votre confiance sur cet homme, et encore moins de croire qu'à l'heure actuelle, notre devoir serait de lui confier les destinées de la France[12]. »

À la conférence d'Anfa, 23 janvier 1943, Churchill à de Gaulle (en... français) :

« Mong Général, il ne faut pas obstacler la guerre[13] ! »

Churchill, désignant le Général qui sort de sa villa à grandes enjambées après une violente altercation :

« Son pays a abandonné la lutte, lui-même n'est qu'un réfugié, et si nous lui retirons notre appui, c'est un homme fini. Eh bien, regardez-le ! Non, mais regardez-le ! On croirait Staline, avec deux cents divisions derrière lui[14]. »

24 janvier à Marrakech, au vice-consul américain Kenneth Pendar, qui l'interroge sur le général de Gaulle :

« Oh, ne parlons pas de celui-là. Nous l'appelons Jeanne d'Arc, et nous cherchons des évêques pour le brûler[15]. »

Churchill à Massigli, commissaire aux Affaires étrangères de la France libre, 9 février 1943 :

« Il n'est pas question que le Général s'érige en dictateur dans ce pays[16]. »

Churchill ayant donné des instructions pour que de Gaulle ne puisse quitter la Grande-Bretagne, le Général a fini par s'en apercevoir. Le 2 avril 1943, il est reçu à Downing Street :

« – Enfin, je suis prisonnier. Bientôt vous m'enverrez à l'île de Man !

– Non, mon Général, pour vous, très distingué, toujours la Tower of London[17] ! »

19 mai 1943, Churchill au Premier ministre canadien Mac-Kenzie King :

« J'ai pris soin de De Gaulle un peu comme on élève un jeune chien, mais il mord maintenant la main qui l'a nourri[18]. »

Depuis Washington, télégramme de Churchill au Cabinet de guerre, 21 mai 1943 :

« Je demande à mes collègues d'examiner d'urgence la question de savoir si nous ne devrions pas dès maintenant éliminer de Gaulle en tant que force politique, et nous en expliquer devant le Parlement et devant la France. Je serais quant à moi tout à fait disposé à défendre cette politique devant le Parlement, et à montrer à tout le monde que le mouvement de résistance en France ne s'identifie plus à cet homme vaniteux et malveillant[19]. »

12 juin 1943, circulaire secrète adressée par Churchill à la presse britannique :

« De Gaulle doit tout à l'aide et au soutien britanniques, mais ne peut être considéré comme un ami loyal de notre pays. Il a semé un courant d'anglophobie partout où il s'est rendu. [...] Il a un penchant manifeste pour le fascisme et la dictature[20]. »

Télégramme à Roosevelt, 13 novembre 1943 :

« Les excès commis au Levant* […] justifient amplement une rupture avec de Gaulle, tout en mettant l'opinion publique mondiale de notre côté. Entre-temps, je m'enquiers soigneusement de l'état de nos forces au Levant. Si nous décidons d'agir, il faudra prendre quelques précautions en Afrique du Nord, car je vous assure que cet individu ne reculera devant rien s'il a des forces armées à sa disposition[21]. »

Téhéran, 30 novembre 1943 :

« En temps de guerre, la vérité est si précieuse qu'elle doit toujours être protégée par un rempart de mensonges[22]. »

12 décembre 1943, au député Harold Nicolson, qui lui dit que de Gaulle est un grand homme :

« Quoi ? De Gaulle, un grand homme ? Il est arrogant, il est égoïste, il se prend pour le centre de l'univers, il est… Vous avez raison : c'est un grand homme[23] ! »

31 décembre 1943, invitation au général de Gaulle à venir lui rendre visite à Marrakech :

« Nous aurions ainsi l'occasion d'avoir des entretiens dont le besoin se fait sentir depuis si longtemps. Ma femme est avec moi, et si Mme de Gaulle voulait bien accepter de vous accompagner, nous en serions tous les deux ravis[24]. »

---

* Le 11 novembre 1943, l'ambassadeur Helleu, délégué général de la France libre au Levant, a fait jeter en prison les membres du seul gouvernement élu que le Liban ait connu depuis un quart de siècle, ce qui a provoqué une levée de boucliers dans tout le monde arabe… (Voir F. Kersaudy, *De Gaulle et Churchill*, Perrin, Paris, 2001, p. 311-313.)

12 janvier 1944, après le déjeuner avec de Gaulle à Marrakech, Churchill au consul de Grande-Bretagne Bryce Nairn :

« Aucun doute... C'est un grand animal *[25] ! »

13 janvier 1944, au lendemain de la rencontre de Marrakech, Churchill à Emmanuel d'Astier, commissaire à l'Intérieur du CFLN :

« C'est un grand personnage, votre de Gaulle. Je l'ai toujours soutenu. Mais comment peut-on s'entendre ? Il déteste l'Angleterre[26]. »

4 juin 1944, veille du débarquement de Normandie, dans le train particulier de Churchill en gare de Portsmouth :

« Sachez-le, Général ! Chaque fois qu'il nous faudra choisir entre l'Europe et le grand large, nous serons toujours pour le grand large. Chaque fois qu'il me faudra choisir entre vous et Roosevelt, je choisirai toujours Roosevelt[27] ! »

Downing Street, 6 juin 1944, 2 heures du matin, Churchill à son assistant Desmond Morton :

« Allez dire à Bedell Smith qu'il mette de Gaulle dans un avion et qu'il le renvoie à Alger, enchaîné si c'est nécessaire. Il ne faut pas le laisser rentrer en France[28]. »

---

* En français dans le texte. Un compliment de taille, si l'on considère la très grande admiration de Churchill pour les animaux... Ainsi, Winston avait écrit au sujet de son meilleur ami F. E. Smith : « Il avait toutes les vertus canines au plus haut degré. »

Lettre à Anthony Eden, 13 juin 1944, concernant le désir du général de Gaulle de se rendre en Normandie libérée :

« N'oubliez pas que cet individu n'a pas pour deux sous de magnanimité, et que dans cette opération, il cherche uniquement à se faire passer pour le sauveur de la France, sans avoir un seul soldat français derrière lui[29]. »

11 novembre 1944, discours aux Invalides :

« En cet heureux jour, c'est un privilège pour moi d'être aux côtés du général de Gaulle. En dépit de toutes les situations critiques, nous avons combattu ensemble, pensé ensemble la défaite de l'ennemi, et nous avons, en commun, conduit beaucoup d'entreprises à leur terme. Une nuit d'octobre 1940, au plus fort d'un bombardement de Londres, je n'ai pas craint de m'adresser en français aux Français pour leur prédire le jour où la France reprendrait, à la tête des grandes nations, son rôle de champion de la liberté et de l'indépendance. [...] Je demeurerais en deçà de la vérité et de la gratitude si je ne rendais hommage au général de Gaulle pour le rôle capital qu'il a joué dans cette transformation, et qui nous a conduits à un moment de l'histoire où nous n'avons plus qu'à être dignes de notre destin pour devenir les inspirateurs d'une nouvelle ère de clarté et de grandeur*[30]. »

Le lendemain 12 novembre, à Emmanuel d'Astier, en quittant l'Hôtel de Ville :

« Allons, tout de même... Il faut suivre de Gaulle. C'est la seule voie[31]. »

---

* Ce regain d'affection très inattendu s'explique par l'accueil très chaleureux que lui a réservé de Gaulle dans Paris libéré – ainsi que par le caractère éminemment cyclothymique de Winston Churchill...

Nice, septembre 1948. Le chef de l'opposition Churchill au cinéaste Alexander Korda, qui lui demande s'il a vraiment dit : « La plus lourde croix que j'aie jamais eu à porter, c'était la croix de Lorraine » :

« Non, je ne l'ai pas dit ; mais je le regrette, car le mot était spirituel. Et entre nous, tellement vrai[32] ! »

27 mars 1958, au Premier ministre Harold Macmillan, qui lui demande si les Américains peuvent publier dans leur recueil de documents diplomatiques (FRUS*) cinq télégrammes qu'il a envoyés en 1943 à Roosevelt au sujet du général de Gaulle :

« Je pense que le choix du moment est important, même aujourd'hui. Il me semble inopportun d'attirer l'attention sur nos soupçons de jadis à l'égard du général de Gaulle, alors qu'il est encore susceptible de rendre des services à la France. Est-ce que cela ne pourrait pas attendre encore quelque temps[33] ? »

À lord Moran, au lendemain du 13 mai 1958 :

« De Gaulle a une occasion unique ; il a pris le dessus. Ils se sont tous soumis à lui. Voilà qui pourrait permettre de faire le ménage dans la politique française[34] ! »

Le 6 novembre 1958, à l'Hôtel Matignon, le général de Gaulle, revenu au pouvoir, remet à sir Winston Churchill la Croix de la Libération. Churchill :

« Je suis particulièrement heureux que ce soit mon vieux compagnon et ami, le général de Gaulle, qui me fasse aujourd'hui cet honneur. Il restera à jamais le symbole de l'âme de la

---

* *Foreign Relation of the United States.*

France et de sa fermeté inébranlable en face de l'adversité. Je me souviens lui avoir dit, lors des jours sombres de 1940 : "Voici le Connétable de France". C'est un titre qu'il a bien mérité depuis[35] ! »

Discours à la réunion de l'association conservatrice de Woodford, 6 janvier 1959 :

« Je suis très heureux de voir mon vieil ami et collègue du temps de guerre, le général de Gaulle, présider désormais aux destinées de son grand pays. Avec le général de Gaulle et le docteur Adenauer en Allemagne, nous avons la chance d'avoir deux dirigeants avisés et énergiques, qui sont également des amis confirmés de la Grande-Bretagne[36]. »

Avril 1960, le retraité Winston Churchill accueille à Londres le président Charles de Gaulle :

« Vous êtes le bienvenu chez moi. Jusqu'à la fin de ma vie, vous serez le bienvenu[37] ! »

Chapitre X

L'ALLEMAGNE

Discours au club libéral écossais d'Édimbourg, 17 juillet 1909 :

« En regardant les faits tels qu'ils sont, et non tels que des insensés ou des malveillants voudraient les représenter, j'affirme qu'il y a aujourd'hui beaucoup moins de motifs de querelles entre l'Angleterre et l'Allemagne qu'il n'y en avait voici quinze ans entre la Grande-Bretagne et la Russie, ou bien voici sept ou huit ans entre la Grande-Bretagne et la France. Il n'y a pas vraiment de conflits d'intérêts entre la Grande-Bretagne et l'Allemagne. [...] Ces deux pays n'ont absolument pas de raisons de se battre, ils n'ont absolument nulle part où se battre, et à mon avis, on s'apercevra que d'ici quelques années, si les gens gardent la tête froide, les bonnes relations qui existent aujourd'hui entre la Grande-Bretagne et l'Allemagne vont constamment croître et embellir, de sorte que nous parlerons des tensions de 1908-1909 entre la Grande-Bretagne et l'Allemagne comme s'il s'agissait de vieilles lunes comparables au danger russe ou au péril français[1]. »

(Hélas ! Le Kaiser, lui, ne gardera pas la tête froide...)

14 avril 1912. Lettre de Churchill à sir Ernest Cassell, destinée à être montrée à l'Empereur Guillaume II :

« Il serait sans doute presque impossible pour l'Allemagne, avec ses splendides armées et ses populations guerrières [...], de comprendre les sentiments avec lesquels un État insulaire comme la Grande-Bretagne considère le développement constant et implacable d'une puissance maritime rivale de tout premier ordre. Plus nous admirons le travail que constitue la création rapide d'une force navale allemande, plus se renforcent et s'approfondissent les sentiments d'inquiétude qu'il suscite. Mais on peut accomplir beaucoup de choses à force de patience et de sérénité ; et au fil des années, bien des dangers et des difficultés semblent se régler pacifiquement[2]. »

Le Premier lord de l'Amirauté Churchill ne ménagera aucun effort pour qu'il en soit ainsi, mais ce sera en vain, et l'attentat de Sarajevo va mettre le feu aux poudres :

« L'Allemagne, ses cinquante millions de recettes fiscales dépensées en armements, le développement de ses armées achevé, le canal de Kiel ouvert aux cuirassés, regardait fixement la scène, et son regard se fit soudain menaçant[3]. »

4 août 1914, à quelques heures de l'expiration d'un ultimatum lancé par Londres à Berlin :

« L'Allemagne, semble-t-il, avait foncé tête baissée et courait à sa perte ; et si c'était ce qu'elle avait décidé de longue date, si c'était là le danger qui avait plané au-dessus de nos têtes tout au long des dix dernières années, et aurait continué de le faire jusqu'à l'explosion finale, ne valait-il pas mieux que tout se déclenche à présent, dès lors que l'Allemagne s'était mise entièrement dans son tort, que nous ne pouvions plus nous laisser surprendre, que la France, la Russie et la Grande-Bretagne étaient rangées toutes ensemble en ordre de bataille[4] ? »

Les premières grandes offensives allemandes ont été contenues à la fin de 1914, et Churchill ne songe qu'à la contre-offensive :

« De tous les ennemis du monde, ces Allemands étaient les plus redoutables lorsqu'ils exécutaient leurs propres plans, mais aussi les plus facilement déconcertés lorsqu'ils devaient faire face à ceux de leurs adversaires. Laisser à un Allemand le loisir de mettre en œuvre ses vastes desseins patiemment et soigneusement mûris, [...] c'était aller au devant d'un terrible danger. Mais le décontenancer, dérouter son esprit méthodique, briser sa confiance, entamer son moral, déjouer ses plans par des actions imprévues, telle était assurément la voie de la gloire, et aussi celle de la sagesse[5]. »

Le ministre des Armements Churchill écrit au Premier ministre Lloyd George pour le mettre en garde contre une nouvelle offensive générale des Allemands en France, 19 janvier 1918 :

« C'est sur le front occidental que le péril est imminent. Une défaite sur ce théâtre serait fatale. [...] Les Allemands sont des ennemis redoutables, et leurs généraux sont meilleurs que les nôtres. Réfléchissez-y et agissez[6] ! »

Pour les pays de l'Entente, la victoire finale sera bien chèrement acquise, et longtemps après la Grande Guerre, Churchill se penchera avec admiration sur les exploits de l'ennemi vaincu :

« Quatre années durant, l'Allemagne a combattu et défié les cinq continents sur terre, sur mer et dans les airs ; les armées allemandes ont soutenu des alliés vacillants, elles sont intervenues victorieusement sur tous les théâtres d'opérations, se sont maintenues sur tous les territoires conquis, et ont infligé à leurs ennemis plus de deux fois les pertes qu'elles ont elles-mêmes subies. Pour briser leurs forces et arrêter leur élan, il a fallu faire entrer en lice les plus grandes nations du monde. Pendant cinquante mois, une supériorité numérique écrasante, des ressources illimitées, des sacrifices incommensurables et un blocus naval n'ont pu en venir à bout. Des petits États ont été piétinés au cours de la lutte ; un puissant Empire a éclaté en fragments méconnaissables ; et près de vingt millions d'hommes ont péri ou versé leur sang avant que l'épée ne soit arrachée de cette main redoutable. Assurément, Messieurs les Allemands, c'est bien suffisant pour sauvegarder votre honneur devant l'histoire[7] ! »

9 avril 1919. Churchill expose à Lloyd George la politique étrangère qu'il recommande :

« Nourrir l'Allemagne, combattre le bolchevisme ; amener l'Allemagne à combattre le bolchevisme[8]. »

Et le 24 mars 1920 :

« Il se peut que nous soyons au bord de l'effondrement et de l'anarchie généralisée à travers l'ensemble de l'Europe et de l'Asie. La Russie est en ruines, mais l'Allemagne a peut-être encore des chances d'être sauvée. [...] Vous devriez dire à la France que nous conclurons avec elle une alliance défensive contre l'Allemagne si, et seulement si, elle change entièrement sa façon de traiter l'Allemagne et accepte loyalement une politique britannique d'aide et d'amitié à l'égard de l'Allemagne[9]. »

À la Chambre des communes, 23 novembre 1932 :

« Je ne sais pas où en est aujourd'hui le système parlementaire allemand, mais il est certain que pour l'essentiel, ce sont des militaires allemands qui sont aux commandes. […] Je ne condamne pas l'Allemagne. J'ai le plus grand respect et la plus grande admiration pour les Allemands ; je souhaite que nous soyons en bons termes avec eux et que nous entretenions de fructueuses relations. Mais nous devons bien admettre que chaque concession que nous avons faite […] a été suivie presque immédiatement d'une nouvelle exigence[10]. »

Aux Communes, 7 novembre 1933 :

« Le chef de l'opposition travailliste, M. Lansbury, vient de dire que lui et le parti socialiste ne consentiraient jamais au réarmement de l'Allemagne. J'ai été fort aise de l'entendre. […] Mais l'honorable Gentleman est-il bien sûr que les Allemands viendront lui demander la permission avant de réarmer ? Ne pense-t-il pas qu'ils pourraient se passer de cette formalité et lancer leur réarmement sans même organiser un vote au congrès des syndicats britanniques[11] ? »

Aux Communes, 28 novembre 1934 :

« Prenez garde : l'Allemagne est un pays qui surprend souvent par ses capacités militaires. Au cours des années qui ont suivi la bataille d'Iéna, la force de l'armée allemande qui a mené la bataille de libération a pris entièrement par surprise le grand

Napoléon en personne. […] De même, lorsque la Grande Guerre a éclaté, l'état-major français s'attendant à faire face à vingt-cinq corps d'armées ; en fait, il y en a eu quarante. Il ne faut jamais sous-estimer les qualités militaires de ce peuple remarquable et talentueux[12]. »

Aux communes, 24 octobre 1935 :

« Je n'ai aucun préjugé à l'encontre du peuple allemand. J'ai beaucoup d'amis allemands, et j'ai une vive admiration pour leurs magnifiques qualités de courage et d'esprit, ainsi que pour leurs réalisations scientifiques et artistiques. Le retour dans le concert des nations européennes d'une Allemagne en paix avec elle-même, le cœur affranchi de toute haine, serait […] un suprême avantage, qui seul pourrait libérer l'Europe du péril et de la crainte, et je suis persuadé que les démocraties britannique et française, ainsi que les vétérans de la dernière guerre, seraient prêts à aller très loin sur le chemin de l'amitié pour concrétiser cet espoir. […] Mais c'est une situation bien différente qui règne aujourd'hui. Nous ne pouvons nous permettre d'assister à la prédominance en Europe du système nazi, avec ses attributs actuels de cruauté et d'intolérance, avec ses rancœurs et ses armes étincelantes[13]. »

Discours aux Communes sur les accords de Munich, 5 octobre 1938 :

« Le Premier ministre désire voir s'instaurer des relations cordiales entre notre pays et l'Allemagne. Rien ne s'oppose à ce que nous ayons des relations cordiales avec le peuple allemand. Nous sommes de tout cœur avec lui. Mais il n'a aucun pouvoir. S'il est vrai que nous devons avoir des relations diplomatiques correctes, il ne pourra jamais y avoir d'amitié entre la démocratie britannique et la dictature nazie[14]. »

Allocution radiophonique à l'adresse des États-Unis, 28 avril 1939 :

« Selon les Allemands, et selon Herr Hitler, une Allemagne et une Autriche pacifiques ont été agressées en 1914 par une bande de nations aux desseins maléfiques, conduites par la Belgique et la Serbie, et elles se seraient victorieusement défendues si seulement elles n'avaient pas été poignardées dans le dos par les juifs. Il est vain d'argumenter contre des opinions de ce genre[15]. »

Aux Communes, 8 novembre 1939 :

« Le maréchal Goering – l'un des rares Allemands à avoir profité de la vie ces dernières années – déclare que nous avons été épargnés jusqu'à présent parce que l'Allemagne nazie est si humaine. Elle ne peut supporter l'idée de faire quoi que ce soit qui puisse faire du mal à qui que ce soit. Tout ce qu'elle revendique, c'est le droit d'être laissée en paix pour conquérir et abattre les faibles. Mais son humanité l'empêche de molester les forts. C'est peut-être vrai ; mais lorsque l'on se souvient des atrocités barbares qu'elle a perpétrées en Pologne, nous ne nous sentons pas enclins à demander à bénéficier de ses faveurs. Nous ferons notre devoir avec tout ce qui nous restera de vie et de vigueur[16]. »

13 octobre 1940, aux Chequers :

« Un Teuton vivant, c'est une guerre en puissance[17] ! »

Conversation d'après-dîner aux Chequers, 13 décembre 1940 :

« Nous devons admettre que l'Allemagne restera dans la famille européenne. L'Allemagne existait avant la Gestapo. [...] Après la victoire, il ne devra y avoir ni dettes de guerre, ni réparations, ni exigences présentées à la Prusse. Il faudra peut-être céder certains territoires et procéder à quelques échanges de populations, [...] mais il ne devra pas y avoir de parias, et la Prusse, bien que désarmée, sera protégée par une garantie du Conseil de l'Europe. Seuls les nazis, les meurtriers du 30 juin 1934* et la Gestapo devront payer leurs forfaits. Mais tout cela est pour un avenir lointain : il faudra peut-être un siècle pour le faire fonctionner. À l'heure actuelle, je ne peux ébruiter de tels idéaux quand chaque foyer d'Europe demande la peau des Allemands et que les Anglais eux-mêmes exigent que les Allemands soient massacrés ou castrés[18]. »

*À Harry Hopkins et au professeur Lindemann**, 27 janvier 1941 :*

« Je ne déteste personne et je ne crois pas avoir d'ennemis – à l'exception des Boches... et encore, c'est professionnel[19] ! »

10 novembre 1941, discours à Mansion House :

« Une rivière de sang a coulé et coule encore entre la nation allemande et les peuples de la presque totalité de l'Europe. Ce n'est pas le sang chaud du combat, où des coups sont portés et rendus à la loyale, c'est le sang glacé du gibet et du poteau

---

* La « Nuit des longs couteaux », qui a vu l'exécution des principaux chefs S.A. et d'un grand nombre d'adversaires du régime nazi, à commencer par l'ancien chancelier von Schleicher.

** Respectivement envoyé spécial du président Roosevelt et conseiller scientifique du Premier ministre Churchill.

d'exécution, qui laisse une tache indélébile pour des générations et des siècles à venir[20]. »

En Conseil des ministres, 27 novembre 1941 :

« En juillet, nous avons annoncé publiquement que nous ne négocierions pas avec Hitler ou le régime nazi. Mais dire que nous ne négocierions pas avec une Allemagne dirigée par l'armée, ce serait aller trop loin. Il est impossible de prédire ce que sera le type de gouvernement en Allemagne lorsque leur résistance faiblira et qu'ils voudront négocier[21]. »

Conseil des ministres, 6 octobre 1943 :

« Nous ne savons pas dans quel état l'Allemagne sera après la guerre... Nous ne devons pas trop l'affaiblir – nous pourrions en avoir besoin contre la Russie[22]. »

Conférence de Téhéran : banquet avec Staline et Roosevelt à l'ambassade soviétique, au soir du 29 novembre 1943. Staline, en souriant largement, déclare qu'il faudra, après la guerre, liquider l'ensemble de l'état-major allemand ; toute la puissance des armées allemandes reposant sur quelque cinquante mille officiers et techniciens, il suffira de les faire fusiller pour extirper définitivement le militarisme allemand. Churchill :

« Le Parlement et l'opinion publique britannique ne toléreront jamais des exécutions de masse. Même s'ils les laissaient commencer sous l'emprise des passions engendrées par la guerre, ils se retourneraient avec violence contre les responsables dès que la première boucherie aurait été perpétrée. Que les Soviétiques ne se fassent aucune illusion sur ce point... »

Staline, avec un sourire carnassier : « Il faudra en fusiller cinquante mille ! » Churchill, hors de lui :

« J'aimerais mieux qu'on me conduise dans le jardin ici et maintenant pour y être fusillé, que de souiller l'honneur de mon pays et le mien propre par une telle infamie[23] ! »

Moscou, octobre 1944. Discutant de l'après-guerre, Churchill et Staline se penchent sur une carte de l'Allemagne. Churchill :

« La Bavière et l'Autriche devraient s'unifier, avec Vienne pour capitale, et former un État avec le Wurtemberg et le pays de Bade. Il y aurait alors trois États en Allemagne, la Bavière et l'Autriche, "traitement doux" ; la Prusse, "traitement dur", et la région industrielle autour du Rhin – "sous contrôle international"[24]. »

Lettre à son épouse, 1er février 1945 :

« Je t'avoue que mon cœur se serre quand j'entends dire que des foules de femmes et d'enfants allemands se pressent sur les routes en colonnes longues de soixante kilomètres pour fuir vers l'ouest [...]. Je suis bien persuadé qu'ils le méritent, mais cela n'atténue en rien la cruauté du spectacle[25]. »

À son secrétaire John Colville, près de Xanten sur le Rhin, 25 mars 1945 :

« Je ne suis pas très pressé d'examiner la question du démembrement de l'Allemagne, tant que mes doutes au sujet des intentions soviétiques n'auront pas été dissipés[26]. »

Télégramme à Anthony Eden, 5 mai 1945 :

« Vous aurez sans doute entendu la nouvelle de la reddition considérable à Montgomery de toute l'Allemagne du nord-ouest, des Pays-Bas et du Danemark, tant en ce qui concerne les hommes que les navires. Les hommes, à eux seuls, sont plus d'un million. Ainsi, en trois journées successives, 2 500 000 Boches se sont rendus à nos deux commandants britanniques. Voilà un épisode éminemment satisfaisant de notre histoire militaire[27]... »

Au maréchal Montgomery, 4 juin 1945 :

« La perspective de l'hiver en Allemagne m'inquiète. [...] Je vous tiens pour responsable de l'approvisionnement des Allemands en vivres. [...] Ce ne serait pas considéré comme une bonne conclusion de la guerre si vous aviez un Buchenwald en Allemagne cet hiver, avec des millions de morts plutôt que des milliers[28]. »

Churchill à Berlin, 16 juillet 1945 :

« La ville n'était plus qu'un amas de décombres. Bien entendu, notre visite n'avait pas été annoncée, et il n'y avait dans les rues que des passants ordinaires. Mais sur la place devant la chancellerie, je trouvai un rassemblement considérable. Lorsque je descendis de voiture et traversai cette foule de gens, tous se mirent à m'acclamer, à l'exception d'un vieil homme qui hochait la tête d'un air désapprobateur. Ma haine s'était éteinte avec leur reddition, et je fus profondément ému par leurs manifestations de sympathie, ainsi que par leurs visages hâves et leurs vêtements élimés[29]. »

Discours aux Communes, 5 juin 1946 :

« Sous le régime nazi, l'Allemagne a commis des crimes indescriptibles ; la justice doit suivre son cours, les coupables doivent être punis, mais une fois que ce processus sera achevé – et j'espère qu'il le sera bientôt – je m'en remettrai aux propos d'Edmund Burke : "Je ne saurais inculper tout un peuple." Nous ne pouvons concevoir un nouveau monde ou une nouvelle Europe qui comprenne des nations [...] mises au ban de la famille humaine, de façon permanente ou pour des périodes de temps prolongées. Pour autant que notre peuple insulaire est encore en mesure d'influencer le cours des événements, nous devons nous efforcer sur la durée d'obtenir la rédemption et la réincorporation des peuples allemand et japonais dans un système mondial de démocraties libres et civilisées. Le dessein de laisser des dizaines de millions de gens suspendus dans un statut de sous-humanité quelque part entre la terre et l'enfer, jusqu'à ce qu'ils soient réduits en esclavage, deviennent communistes ou meurent de faim, ne pourrait engendrer qu'une pestilence morale et sans doute une nouvelle guerre[30]. »

16 septembre 1946. En visite au siège de la Croix-Rouge à Genève, l'ancien Premier ministre de Sa Majesté voit depuis un balconnet la pièce où sont classées deux millions de cartes portant les noms et les adresses de prisonniers de guerre allemands. Churchill :

« C'est bien la première fois que j'ai deux millions d'Allemands à mes pieds[31] ! »

Discours de Zurich, 19 septembre 1946 :

« Je vais maintenant vous dire une chose qui va vous étonner : la première étape de la reconstitution d'une famille de nations européennes doit être l'avènement d'un partenariat entre la France et l'Allemagne. [...] L'Europe ne saurait se reconstituer sans le rayonnement spirituel de la France comme de l'Allemagne[32]. »

Lettre d'Aix-en-Provence à Anthony Eden au sujet de la perspective d'une mise en jugement des maréchaux allemands, 13 septembre 1948 :

« J'en suis personnellement si indigné que j'envisage de contribuer à une souscription pour la défense de ces vieux maréchaux. Même le *Times* juge inadmissible qu'ils aient été laissés dans l'attente pendant trois ans et demi sans la moindre inculpation, pour être maintenant traînés devant les tribunaux. L'amélioration de nos relations avec la grande majorité du peuple allemand, grandement stimulée par le blocus* et par nos efforts pour nourrir deux millions et demi de Berlinois, sera compromise non seulement par la poursuite de ces procès, [...] mais encore par la traque et la persécution interminable des individus. Après tout, les principaux criminels ont déjà été punis. [...] Nous devons prendre garde de ne pas nous aliéner l'âme de l'Allemagne[33]. »

À la Chambre des communes, 28 mars 1950 :

« La France et la Grande-Bretagne, toutes deux durement éprouvées, peuvent s'unir et trouver ainsi la force d'amener l'Allemagne, qui a été plus dévastée encore, à s'associer durablement avec eux en tant que partenaire égal[34]. »

---

* Le blocus de Berlin-Ouest par les Soviétiques a débuté en avril 1948.

Lettre au président Truman au sujet du projet d'armée européenne, 13 août 1950 :

« Qu'arrivera-t-il aux Allemands s'ils envoient un contingent de troupes substantiel – disons cinq ou six divisions – à l'armée européenne, […] et si les Soviétiques répondent en envahissant l'Allemagne de l'Ouest ? Est-ce que les États-Unis traiteraient une offensive majeure de ce genre de la même façon qu'ils traiteraient une attaque soviétique contre la France, le Benelux ou la Grande-Bretagne, ou bien devrions-nous laisser le peuple allemand, que nous avons désarmé et que nous nous sommes engagés à sauvegarder, être attaqué sans bénéficier du bouclier de la dissuasion atomique[35] ? »

Discours à la Chambre de Winston Churchill, redevenu Premier ministre, 11 mai 1953 :

« Les États-Unis, la France et nous-mêmes avons entamé avec l'Allemagne de l'Ouest une relation nouvelle et remarquable. […] Le docteur Adenauer peut parfaitement être considéré comme l'homme d'État allemand le plus avisé depuis l'époque de Bismarck. J'ai grandement admiré sa persévérance, son courage, son sang-froid et son habileté face aux situations complexes, changeantes, incertaines et imprévisibles auxquelles il s'est trouvé confronté. »

Discours à la réunion des Premiers ministres du Commonwealth, 8 juin 1953 :

« Une armée allemande, sous une forme ou sous une autre, constitue une partie essentielle d'un système défensif efficace de l'Europe occidentale[36]. »

14 mars 1955, dernier discours de politique étrangère aux Communes avant sa démission ; Churchill se prononce en faveur de l'accession de l'Allemagne à l'Otan :

« Ce qui me motive, ce n'est pas que l'Otan y gagnera le renfort de douze divisions allemandes. Même avec elles, le front occidental ne pourrait résister à la supériorité conventionnelle écrasante de la Russie. Pour moi, douze divisions allemandes constituent un symbole plutôt qu'un réel facteur de défense. [...] Ce qui est d'une importance majeure pour notre cause, c'est que la puissante nation allemande se range aux côtés du monde libre, au lieu de tomber du mauvais côté[37]. »

3 mai 1956. Le retraité Winston Churchill, qui s'apprête à partir pour l'Allemagne, où lui sera décerné le prix Charlemagne, se confie à son médecin lord Moran :

« – Il faudra que je dise quelque chose, mais ce n'est pas facile. Vous voyez, Charles, c'est un discours important qu'il me faut prononcer. Charlemagne a œuvré pour l'unité de l'Europe, et c'est bien là l'objet de ce prix. Les nazis étaient partis pour dominer le monde, et quelque chose n'a pas marché...

– Ils ne sont pas tous morts. Vous en rencontrerez quelques-uns pendant votre voyage...

– Oh, maintenant je suis un héros en Allemagne. C'est très curieux[38] ! »

Chapitre XI

HITLER

*Voyage en Allemagne de l'écrivain Winston Churchill,
avril 1932 :*

« À l'hôtel Regina [de Munich], un homme se présenta à
quelques-uns de mes compagnons. Il s'appelait Herr Hanfstaengl et parlait beaucoup du "Führer", dont il semblait être
un intime. Ce garçon paraissant aussi enjoué que loquace, et
parlant en outre excellemment l'anglais, je l'invitai à dîner. Il
nous fit un tableau des plus intéressants de l'activité et des opinions de Hitler. [...] Il me dit que je devrais le rencontrer, et
que rien ne serait plus facile à organiser : Herr Hitler venait
chaque jour à l'hôtel vers 5 heures, et serait très heureux de me
voir. Je n'avais alors aucun préjugé d'ordre national contre Hitler. Je connaissais mal sa doctrine et sa carrière, et pas du tout
son caractère. J'admire les hommes qui prennent la défense de
leur pays dans la défaite, même si je suis de l'autre bord. Il avait
parfaitement le droit d'être un patriote allemand, et pour ma
part, j'ai toujours voulu voir l'Angleterre, la France et l'Allemagne se lier d'amitié. Pourtant, au cours de ma conversation
avec Hanfstaengl, j'en vins à lui demander : "Pourquoi votre
chef est-il si violent envers les Juifs ? Je conçois très bien que
l'on soit monté contre les Juifs qui ont commis des méfaits ou se
dressent contre le pays, et je comprends qu'on leur résiste s'ils
essaient d'accaparer le pouvoir dans un quelconque domaine,
mais à quoi bon combattre un homme du seul fait de sa nais-

sance ? Comment peut-on être tenu pour responsable de sa naissance ?" Sans doute rapporta-t-il ces propos à Hitler, car le lendemain, vers midi, il vint me trouver avec un air plutôt grave, et me dit que le rendez-vous qu'il m'avait fixé avec Hitler ne pourrait avoir lieu, parce que le Führer ne viendrait pas à l'hôtel cet après-midi-là. [...] C'est ainsi que Hitler perdit son unique chance de me rencontrer*[1]. »

Un jugement mitigé sur Hitler par le journaliste Churchill, 1935 :

« Adolf Hitler a été l'enfant de la rage et du chagrin d'un empire et d'un peuple puissants, qui ont subi à la guerre une défaite écrasante. C'est lui qui a exorcisé le désespoir de l'âme allemande, en lui substituant l'esprit non moins néfaste mais bien moins morbide de la revanche. [...] En quinze ans, ce caporal solitaire, un ancien peintre en bâtiment autrichien**,

---

* Winston Churchill n'avait saisi que les apparences de l'affaire. En fait, la rencontre avec Ernst « Putzi » Hanfstaengl ne devait absolument rien au hasard. C'est que le fils de Churchill, Randolph, jeune journaliste en quête d'un article sensationnel, avait pris contact de longue date avec Hanfstaengl, responsable des relations du parti national-socialiste avec la presse étrangère, pour qu'il organise une rencontre entre Hitler et Churchill. Hanfstaengl, qui espérait saisir cette occasion pour élargir quelque peu les vues étroites du Führer, avait donné rendez-vous aux voyageurs britanniques à l'hôtel où descendait habituellement Hitler (le Continental, et non le Regina), après quoi il s'était mis en devoir de persuader le Führer de rejoindre l'illustre visiteur à l'heure du dîner. Hitler, craignant de se retrouver en état d'infériorité lors d'un entretien qu'il ne pourrait contrôler, s'était montré des plus réticents, mais avait fini par accepter de les rejoindre à l'heure du café. Ce soir-là, Hanfstaengl, par ailleurs virtuose du piano, s'était donc efforcé de distraire les hôtes britanniques en attendant l'apparition du Führer. Celui-ci ne se montrant toujours pas, Hanfstaengl était parti téléphoner, et avait croisé dans le lobby de l'hôtel un Hitler qui quittait subrepticement les lieux. Mortifié, Hanfstaengl avait terminé la soirée avec Churchill, qui l'avait effectivement interrogé sur les premiers débordements antisémites du Führer, et lui avait également demandé : « Que pense votre chef d'une alliance entre votre pays, la France et l'Angleterre ? » Il faut se souvenir que tout cela se passait en 1932.
** Comme tous les Anglais de son époque, Churchill, apprenant que Hitler avait été peintre, pensait qu'il s'agissait d'un peintre en bâtiment.

146

[...] est parvenu à refaire de l'Allemagne la première puissance en Europe, et même, dans une très grande mesure, à inverser les résultats de la Grande Guerre. [...] Ce n'est qu'en 1935 que Hitler a jeté le masque et bondi en avant, armé jusqu'aux dents, avec ses usines de munitions tournant jour et nuit, ses escadrilles se multipliant sans cesse, ses équipages de sous-marins s'entraînant dans la Baltique, et ses cohortes armées faisant sonner les pavés sous leurs bottes de haut en bas du vaste Reich allemand. Voilà où nous en sommes aujourd'hui, et cette prodigieuse réalisation [...] est inséparable des efforts et de l'énergie d'un homme solitaire. Jusqu'ici, la carrière triomphale de Hitler a été portée par un amour passionné pour l'Allemagne, mais aussi par des courants de haine assez intenses pour flétrir l'âme de tous ceux qu'ils charrient. Quel est ce sombre personnage qui a accompli ces superbes tâches et déchaîné ces épouvantables maléfices ? Nourrit-il toujours les passions qu'il a suscitées ? Dans la pleine lumière du triomphe, à la tête d'une grande nation qu'il a fait remonter de l'abîme, est-il toujours rongé par les haines et les antagonismes de sa lutte à outrance ? Ou bien va-t-il s'en dépouiller sous l'influence apaisante du succès[2] ? »

*Invitation du Führer au député « conservateur d'opposition »
Winston Churchill, octobre 1937 :*

« Je dois mentionner ici que Ribbentrop me remit par deux fois une invitation à rendre visite à Herr Hitler. Bien longtemps auparavant, en ma qualité de sous-secrétaire d'État aux Colonies et de chef d'escadron de la Garde nationale de l'Oxfordshire, j'avais été l'invité du Kaiser aux grandes manœuvres allemandes de 1907 et de 1909. Mais à présent, les choses avaient changé. Des luttes mortelles se préparaient, et j'y jouais mon rôle. J'aurais été heureux de rencontrer Hitler si j'avais eu derrière moi l'autorité de la Grande-Bretagne. Mais en le rencontrant à titre privé, j'aurais été en situation d'infériorité, et mon pays avec moi. Si je m'étais déclaré d'accord avec mon hôte le dictateur, je l'aurais égaré. Si je lui avais exprimé mon désaccord, il en aurait été offensé, et on m'aurait accusé de brouiller les relations anglo-allemandes. Je refusai donc les deux invitations, ou plutôt je n'y donnai pas suite. [...] Il est certain qu'Hitler avait le don de fasciner les gens, et l'aura du pouvoir et de l'autorité risque d'en imposer indûment au simple touriste. À moins d'être sur un pied d'égalité, mieux vaut garder ses distances[3]. »

6 novembre 1938. Réponse au discours de Weimar, dans lequel Adolf Hitler s'en est pris à Churchill et aux autres politiciens « bellicistes » de Grande-Bretagne :

« Je suis surpris que le dirigeant d'un grand État s'en prenne à des membres du Parlement britannique qui n'ont aucune responsabilité gouvernementale et ne sont pas même des chefs de partis. Une telle action de sa part ne peut que renforcer leur prestige, car leurs concitoyens ont eu tout loisir de se faire une opinion sur leur compte et n'ont vraiment pas besoin d'assistance étrangère à cet égard. Herr Hitler se trompe en supposant que MM. Eden, Duff Cooper, moi-même et les chefs des partis libéral et travailliste sont des bellicistes. Aucun d'eux n'a jamais songé à commettre un acte d'agression contre l'Allemagne. Il est vrai, par contre, que nous sommes soucieux de faire en sorte que notre pays soit convenablement défendu, afin que nous puissions demeurer libres et en sécurité, et aussi aider tous ceux envers qui nous avons des obligations[4]. »

Le 31 mars 1939, après l'occupation allemande de ce qui reste de la Tchécoslovaquie, le Premier ministre Chamberlain annonce au Parlement que les effectifs de l'armée territoriale britannique vont être doublés, et que la Grande-Bretagne accorde sa garantie à la Pologne. Discours de Churchill aux Communes, 3 avril 1939 :

« Je suis en complet accord avec le Premier ministre. J'espère ne pas lui faire de tort en disant cela*. [...] C'est la première fois que la Grande-Bretagne a pris l'initiative de résister à l'agression nazie. À Berlin, les chefs nazis savent depuis quinze jours que nous sommes en train de constituer un bloc défensif pour faire obstacle à une nouvelle agression. Pour la première fois, ils se voient confrontés à la possibilité d'une guerre sur deux fronts. Les hommes qui sont à la tête de l'Allemagne ne sont retenus par aucun scrupule. Ils se sont hissés au pouvoir par la violence, la cruauté et le meurtre. Herr Hitler se pique particulièrement de frapper comme la foudre. Il est extrêmement dangereux de se trouver sur le chemin de ces hommes-là, et pourtant, c'est exactement ce que nous avons résolu de faire[5]. »

Discours au Carlton Club de Londres, 28 juin 1939 :

« Que va faire Herr Hitler ? Va-t-il, oui ou non, tenter de faire exploser le monde ? Le monde est tout de même quelque chose de très lourd à faire sauter. Un homme extraordinaire au sommet de son pouvoir peut certes déclencher une grande explosion, sans que le monde civilisé en soit ébranlé pour autant. Les énormes débris et éclats de l'explosion peuvent retomber en pluie sur sa tête et le détruire, lui et tout son entourage, mais le monde n'en continuera pas moins à tourner. [...] Si le parti nazi d'Allemagne déchaîne une guerre sur le monde, les trois quarts de l'humanité se dresseront directement ou indirectement contre lui, et je ne doute pas qu'après un combat qui sera certainement acharné et pourrait bien être long, la démocratie et la civilisation repousseront l'assaut et reprendront leur marche en avant[6]. »

---

* Churchill passait pour être très impopulaire dans le pays à l'époque, notamment en raison de son opposition aux accords de Munich.

Au Conseil suprême franco-britannique, Tours, 13 juin 1940 :

« Si la lutte continue, si l'Allemagne échoue dans cette des-truction de l'Angleterre qui lui est indispensable, si elle est repoussée dans deux ou trois mois, si le pouvoir de son arme aérienne à cette époque est affaibli, brisé, dompté, alors, après des mois de souffrance, viendra le moment où le régime hitlé-rien tremblera. [...] Nous sommes convaincus que nous brise-rons Hitler et son régime ; nous ne changerons pas nos buts de guerre ; nous poursuivrons toujours la destruction de ce sys-tème ; nous n'écouterons aucune proposition de paix qui vien-dra de lui. Autrement, ce serait de nouveau Munich, puis l'occupation de Prague. Non, la guerre continuera, elle ne peut finir que par notre disparition ou par notre victoire[7]. »

Allocution au peuple britannique, 11 septembre 1940 :

« Ces bombardements de Londres cruels, gratuits et sans discrimination font naturellement partie des plans d'invasion d'Hitler. En tuant un grand nombre de civils, de femmes et d'enfants, il espère intimider et terroriser les habitants de cette puissante cité impériale, [...] et ainsi détourner notre attention du féroce assaut qu'il prépare. Mais il connaît bien mal l'esprit de la nation britannique et la trempe coriace des Londoniens, dont les ancêtres ont joué un rôle de premier plan dans l'établis-sement des institutions parlementaires, et qui ont appris à chérir leur liberté bien plus que leur propre vie[8]. »

Allocution au peuple français, 21 octobre 1940 :

« Tous les complots et tous les crimes de Herr Hitler sont en train d'attirer sur sa tête et sur la tête de ceux qui appartiennent à son régime un châtiment que beaucoup d'entre nous verront de leur vivant. Il n'y aura pas si longtemps à attendre. L'aventure n'est pas encore finie. Nous sommes sur sa piste, et nos amis de l'autre côté de l'Atlantique y sont aussi. Si Herr Hitler ne peut pas nous détruire, nous, nous sommes sûrs de le détruire avec toute sa clique et toutes leurs œuvres[9]. »

Discours à la BBC, 9 février 1941 :

« Pour gagner la guerre, Hitler doit détruire la Grande-Bretagne. Il pourra semer la dévastation dans les États balkaniques, arracher de vastes provinces à la Russie, marcher jusqu'aux portes de l'Inde. Tout cela sera en vain. Il pourra répandre encore davantage sa malédiction à travers l'Europe et l'Asie, mais son sort n'en est pas moins scellé. […] Et sans relâche, maître des mers et des airs, l'Empire britannique – que dis-je, l'ensemble du monde de langue anglaise – sera à ses trousses, emportant avec lui les épées de justice[10]. »

Télégramme au président Roosevelt, 29 avril 1941 :

« Il me semble que Hitler peut maintenant prendre l'avantage sur de vastes territoires à très bon compte, et que nous sommes si complètement engagés partout que nous ne pouvons à peu près rien faire pour l'empêcher de s'étendre[11]. »

À Archibald Sinclair, juillet 1941 :

« Après la guerre, il faudra mettre un terme à toute effusion de sang, même si j'aimerais voir Mussolini, ce pâle imitateur de la Rome ancienne, étranglé comme Vercingétorix dans la meilleure tradition romaine. Quant à Hitler et aux chefs nazis, je les exilerais dans une île quelconque, mais pas question de profaner Sainte Hélène*[12] ! »

Discours radiodiffusé, 10 mai 1942 :

« Je pense qu'en définitive, on s'apercevra que les dictateurs, en dépit de tous leurs préparatifs et de tous leurs complots savamment ourdis, ont commis de plus grandes erreurs que les démocraties qu'ils ont assaillies. Hitler lui-même fait parfois des erreurs ; en juin dernier, sans la moindre provocation et en violation d'un pacte de non-agression, il a envahi les terres du peuple russe. [...] Puis il a fait sa seconde grande erreur : il a oublié l'hiver. Il y a un hiver en Russie, vous savez. Pendant bien des mois, la température peut chuter considérablement. Il y a du gel, il y a de la neige et tout le reste. Eh bien, Hitler a oublié cet hiver russe ; il a dû recevoir une éducation très imparfaite. Nous, nous en avions tous entendu parler à l'école[13]... »

Au secrétaire du Cabinet, sir Norman Brook, 6 juillet 1942 :

« Si Hitler tombe entre nos mains, nous ne manquerons pas de le mettre à mort. [...] Par quel moyen ? La chaise électrique réservée aux gangsters, dont je ne doute pas que nous l'obtiendrons en prêt-bail[14]. »

Discours à la BBC sur l'après-guerre, 21 mars 1943 :

« En parlant sous toutes réserves et sans vouloir prophétiser, j'imagine que l'année prochaine – à moins que ce ne soit l'année d'après –, nous serons en mesure de battre Hitler, et j'entends

---

* Churchill changera d'avis un an plus tard...

par là l'anéantir, le pulvériser, le réduire en cendres, lui et ses pouvoirs maléfiques[15]. »

Télégramme au président Roosevelt concernant les opérations en Italie, 29 avril 1944 :

« Moi aussi, je redoute une retraite rapide et soudaine des Allemands par les tunnels des Alpes, mais tout compte fait, elle me paraît peu probable. Hitler est obstiné par habitude, si l'on en juge par Stalingrad, la Crimée, Tunis*, etc.[16] »

Chambre des communes, 28 septembre 1944 :

« Je déteste toujours comparer Napoléon à Hitler, car il me semble que c'est insulter le grand Empereur et grand homme de guerre que de le comparer d'une façon quelconque à un misérable boucher et chef de bande. Mais il me faut au moins relever une analogie : tous deux étaient par tempérament incapables de céder le moindre pouce du terrain qu'ils avaient conquis du temps où la fortune leur souriait. Ainsi, après Leipzig, en 1813, Napoléon avait laissé toutes ses garnisons sur le Rhin, et 40 000 hommes à Hambourg. Il avait refusé de soustraire bien d'autres composantes cruciales de ses armées, et avait dû commencer sa campagne de 1814 avec des recrues sans entraînement et quelques troupes expérimentées rappelées d'Espagne en catastrophe. Hitler, de même, avait éparpillé les armées allemandes aux quatre coins de l'Europe, et par son obstination à chaque stade, depuis Stalingrad et Tunis jusqu'au moment présent, il s'est privé de la possibilité de concentrer ses forces pour la lutte finale. [...] Lorsque Herr Hitler a échappé à l'attentat à la bombe du 20 juillet, il a déclaré que sa survie était

---

* Lors de ces batailles, le Führer a interdit toute retraite, ce qui a entraîné l'encerclement de ses armées.

un signe de la Providence. Il me semble que d'un point de vue purement militaire, nous pouvons tous lui donner raison, car il aurait été fort malheureux pour les Alliés de se trouver privés, dans les dernières phases de la guerre, de cette forme particulière de génie militaire qui a permis au caporal Schickelgruber* de contribuer si notablement à notre victoire[17]. »

Réunion des chefs d'état-major, 1er mars 1945 :

« Si j'étais Hitler, je prendrais l'avion pour l'Angleterre et je me rendrais au gouvernement britannique en disant que j'étais seul responsable de tous les maux de l'Allemagne, et que je suis prêt à payer. Cela nous poserait un problème délicat[18]. »

1er mai 1945, Churchill reçoit la nouvelle de Radio Berlin selon laquelle Hitler est mort « en luttant jusqu'à son dernier souffle contre le bolchevisme » :

« Eh bien, je trouve qu'il a eu parfaitement raison de mourir de cette façon**[19]. »

À la question du maréchal Montgomery au Premier ministre Churchill le 18 mai 1952 : « Hitler était-il un grand homme ? », Churchill répond :

« Non... Il a fait trop d'erreurs[20]. »

---

* Schickelgruber était le nom du père d'Adolf, lui-même né de père inconnu, avant qu'il ne le change au moment d'être adopté par le frère de l'époux de sa mère, Johann Nepomuk Hiedler. Schickelgruber étant un nom typiquement paysan, il était souvent utilisé par les Allemands pour ridiculiser Adolf Hitler.
** Bien entendu, Hitler n'en a rien fait ; il s'est suicidé, de peur de tomber vivant aux mains des Soviétiques.

Chapitre XII

Le communisme et l'Union soviétique

Discours du ministre des Armements Churchill à Dundee, 26 novembre 1918 :

« La Russie est en train d'être réduite par les bolcheviks à un état de barbarie animale. [...] Les bolcheviks parviennent à se maintenir grâce à des boucheries sanglantes et généralisées [...]. Sur d'immenses étendues, la civilisation est complètement anéantie, tandis que les bolcheviks sautillent et gambadent comme des armées de féroces babouins au milieu des villes en ruines et des corps de leurs victimes[*][1]. »

Article de Churchill dans le Weekly Dispatch *du 22 juin 1919 sur Lénine, Trotski et les autres chefs bolcheviques :*

« Ils ont déclaré une guerre sans fin à la société civilisée. Pour continuer d'exister, ils cherchent avant tout à renverser et détruire toutes les institutions existantes, ainsi que tous les États

---

[*] Churchill a considéré la paix séparée conclue par les bolcheviks avec l'Allemagne en mars 1918 comme une trahison du camp de l'Entente. L'assassinat du tsar et de sa famille à Iekaterinbourg, celui de l'attaché naval britannique Francis Cromie à Saint-Pétersbourg, ainsi que les innombrables rapports parvenus cet été-là sur les abominables tueries perpétrées par les bolcheviks, lui ont fait concevoir pour l'ensemble du système communiste un profond dégoût : « Ce n'est pas une politique, c'est une maladie ; ce n'est pas une foi, c'est une épidémie. »

et gouvernements du monde. Ils essaient eux aussi de mettre sur pied une organisation mondiale et internationale, mais une organisation composée des ratés, des criminels, des inadaptés, des mutins, des pervers, des détraqués et des aliénés de tous les pays ; et entre eux et le type de civilisation que nous avons pu bâtir depuis l'aube de l'histoire, il ne peut y avoir, comme le proclame Lénine, ni trêve ni pacte[2]. »

6 novembre 1919, discours aux Communes du ministre de la Guerre Winston Churchill :

« Lénine a été envoyé en Russie par les Allemands comme on enverrait une ampoule contenant des bacilles de typhoïde ou de choléra pour contaminer l'approvisionnement en eau d'une grande ville, et l'opération a remarquablement fonctionné [...]. Avec une adresse diabolique, Lénine a entrepris de démanteler toutes les institutions sur lesquelles reposaient l'État et la Nation russes[3]. »

*Article de Churchill dans l'*Illustrated Sunday Herald*, 25 janvier 1920 :*

« Le bolchevik n'est pas un idéaliste qui se contente de promouvoir sa cause par l'argumentation ou par l'exemple ; à la première occasion favorable, il la propage au moyen de la bombe ou de la mitraille. À la différence de beaucoup d'autres variétés de pensée politique visionnaire, l'essence du bolchevisme est qu'il ne peut se répandre et se maintenir que par la violence[4]. »

Lettre au Premier ministre Lloyd George, 24 mars 1920 :

« Depuis l'armistice, ma politique aurait été de faire la paix avec le peuple allemand et la guerre à la tyrannie bolchevique.

De votre plein gré ou parce que vous y avez été contraint, vous avez fait pratiquement l'inverse*. [...] Je ne prétends pas que j'aurais fait mieux, ou que quiconque aurait fait mieux. Mais nous voici confrontés au résultat de cette politique ; ils sont terribles. [...] Je suggère une action résolue de la Grande-Bretagne sous votre direction, et si nécessaire, une action *indépendante***. Dans le cadre de cette politique, je serais disposé à conclure la paix avec la Russie soviétique, à des conditions qui soient les plus propices à un apaisement général, tout en nous préservant d'être empoisonnés par elle. Bien sûr, je ne crois pas qu'une coexistence harmonieuse soit possible entre le bolchevisme et la civilisation actuelle. Mais au regard des conditions actuelles, une cessation des hostilités et une promotion de la prospérité matérielle sont inévitables. Et pour le meilleur ou pour le pire, il nous faut compter sur des influences pacifiques pour faire disparaître ce péril et cette tyrannie abominables[5]. »

Article écrit en 1928, et réédité dans Great Contemporaries *:*

« En Russie, nous avons un immense peuple frappé de mutisme, sous la férule d'une armée de temps de guerre ; un peuple qui souffre en temps de paix des rigueurs et des privations subies lors des pires campagnes militaires ; un peuple régi par la terreur, le fanatisme et la police secrète. Voilà un État dont les sujets sont si heureux qu'il faut leur interdire d'en passer les frontières sous peine des pires châtiments ; un État dont les diplomates et les agents envoyés en mission à l'étranger doivent laisser leurs femmes et leurs enfants au pays en otages, afin de garantir leur retour ; voilà un système dont les réalisations sociales aboutissent à parquer cinq ou six personnes dans une seule

---

* Lloyd George a refusé tout engagement militaire britannique d'envergure pour secourir les armées blanches en lutte contre les révolutionnaires communistes.
** Indépendante des autres puissances, probablement.

pièce ; dont les salaires n'atteignent guère le pouvoir d'achat des indemnités de chômage britanniques ; où la vie est menacée, où la liberté est inconnue, où les civilités et la culture sont moribondes, où l'armement et les préparatifs de guerre avancent à marches forcées, où Dieu est blasphémé, où l'homme est privé de l'espoir de miséricorde au seuil même de la tombe. Voilà un pouvoir activement et constamment occupé à tenter de renverser les civilisations existantes par la ruse, la propagande et, lorsqu'il l'ose, par la force brutale. Voilà un État dont trois millions de nationaux se languissent en exil à l'étranger, dont les intellectuels ont été méthodiquement liquidés, dont un demi-million de citoyens sont réduits au servage pour leurs opinions politiques, pourrissent et gèlent tout au long de la nuit arctique, se tuent au labeur dans les forêts, les mines et les carrières, souvent pour n'avoir rien fait de plus que d'exercer une liberté de pensée qui avait progressivement fait évoluer l'homme à partir de la bête[6]. »

Sur Léon Trotski en exil, décembre 1929 :

« Toutes ses intrigues, toutes ses audaces, tous ses écrits, toutes ses harangues, toutes ses atrocités, toutes ses œuvres n'ont mené qu'à ceci : un autre "camarade", son subordonné en révolution, son inférieur par l'esprit – sinon peut-être par le crime [Staline] –, gouverne à sa place, tandis que ce Trotski jadis triomphant, dont un seul froncement de sourcils envoyait des milliers d'hommes à la mort, s'est retrouvé échoué, telle une ombre malfaisante et désolée, sur les rivages de la mer Noire, avant d'être rejeté sur le golfe du Mexique[7]. »

Discours à la Chambre des communes sur le désarmement, 29 juin 1931 :

« Il me semble que nous devrions reconnaître que les dangers émanant de la Russie sont à l'origine de l'échec du désarmement en Europe. Cette grande puissance, restée en dehors de la famille des nations et en marge du concert de la chrétienté, qui revendique une foi destructrice de toute civilisation existante, qui poursuit une politique économique fondamentalement nuisible à l'industrie, qui n'est influencée par aucune considération morale ou humanitaire, qui a bien des provinces perdues à recouvrer, qui dispose d'une main-d'œuvre illimitée et s'équipe rapidement de tous les instruments les plus terrifiants et les plus dévastateurs pour mener une guerre moderne – voilà pourquoi vos conférences sur le désarmement n'évoluent pas aussi favorablement que vous étiez en droit de l'espérer ; c'est pour cela, et non à cause du nationalisme excessif de certains pays. C'est dans la crainte parfaitement compréhensible et bien justifiée de tous ces petits pays qui sont en contact avec la puissance de la Russie que se trouvent les obstacles qui ont ralenti votre progression[8]. »

Thoughts and Adventures, *1932* :

« Les communistes seuls ont un plan et une doctrine. C'est un plan fatal pour la liberté individuelle et une doctrine entièrement fondée sur la haine[9]. »

Step by Step, *4 mai 1939* :

« Il est impossible de maintenir un front oriental contre l'agression nazie sans l'aide active de la Russie. Les Russes ont tout intérêt à contrecarrer les ambitions de Herr Hitler en Europe de l'Est*[10]. »

---

* Cette phrase seule suffit à expliquer le revirement de Churchill : la menace hitlérienne lui paraît plus sérieuse et plus immédiate que la menace soviétique...

Discours à la BBC, 1ᵉʳ octobre 1939 :

« Je ne saurais prédire ce que fera la Russie ; c'est un rébus enveloppé dans un mystère à l'intérieur d'une énigme. Mais peut-être y a-t-il une clé ; cette clé, c'est l'intérêt national russe. Il ne saurait être conforme aux intérêts et à la sécurité de la Russie que l'Allemagne s'établisse sur les rives de la mer Noire ou qu'elle envahisse les États balkaniques et asservisse les peuples slaves du sud-est de l'Europe[11]. »

15 juin 1941, Churchill au président Roosevelt :

« Toutes les sources dont je dispose, y compris les plus fiables*, laissent prévoir l'imminence d'une vaste attaque allemande contre la Russie. Non seulement les principales armées allemandes sont déployées de la Finlande à la Roumanie, mais encore le processus d'arrivée des forces aériennes et blindées est en cours d'achèvement[12]. »

21 juin 1941. Fort des renseignements fournis par ses services de décryptage, Churchill sait que l'Union soviétique sera attaquée le lendemain. À son secrétaire John Colville, qui lui demande comment il pourrait s'allier à l'Union soviétique, alors qu'il l'a combattue sans relâche depuis sa création :

« Si Hitler envahissait l'enfer, je mentionnerais au moins le diable en termes favorables à la Chambre des communes[13]… »

---

* Il s'agit en l'occurrence des décryptages du code pourpre utilisé par l'ambassadeur du Japon à Berlin, Oshima, qui vient de communiquer à son gouvernement l'imminence de l'attaque allemande.

22 juin 1941. Les armées allemandes envahissent l'Union soviétique, et Churchill déclare aux Communes :

« Au cours des vingt-cinq dernières années, personne ne s'est opposé au communisme avec plus de constance que moi-même. Je ne retirerai pas un mot de ce que j'ai dit à son sujet. Mais tout cela s'efface devant le spectacle qui se déroule actuellement devant nos yeux ; le passé disparaît, avec tout son cortège de crimes, de folies et de tragédies. [...] Tout homme, toute nation qui poursuivra la lutte contre le nazisme aura notre appui. [...] Il s'ensuit que nous apporterons toute l'aide possible à la Russie et au peuple russe. [...] Le péril de la Russie est notre péril et celui des États-Unis, de même que la cause de chaque Russe combattant pour son foyer est la cause des hommes et des peuples libres dans toutes les parties du monde. Redoublons donc d'efforts, et frappons à l'unisson avec tout ce qui nous reste de vie et de puissance[14]. »

À son ambassadeur à Moscou, sir Stafford Cripps, qui l'informe que les Soviétiques se plaignent amèrement de l'insuffisance de l'aide qui leur est fournie par la Grande-Bretagne, et du retard apporté à l'ouverture d'un deuxième front à l'Ouest, 28 octobre 1941 :

« Je comprends parfaitement la position difficile qui est la vôtre, ainsi que celle des Russes dans leur agonie. Mais ils n'ont certainement pas le droit de nous faire des reproches. Ils ont scellé leur propre destin lorsque leur pacte avec Ribbentrop a permis à Hitler d'attaquer la Pologne et de déclencher la guerre. Ils se sont privés d'un deuxième front lorsqu'ils ont laissé détruire l'armée française. S'ils s'étaient concertés avec nous avant le 22 juin, nous aurions pu prendre bien des dispositions pour leur fournir plus tôt l'aide matérielle considérable que nous leur envoyons actuellement. Mais jusqu'à ce que Hitler les attaque, nous ne savions pas s'ils se battraient et de quel côté. Nous avons combattu seuls pendant toute une année, alors que, sur ordre de Moscou, tous les communistes d'Angleterre faisaient de leur mieux pour entraver notre effort de guerre. [...] Qu'un gouvernement ayant de tels antécédents nous accuse de tenter de conquérir des territoires en Afrique ou d'acquérir des avantages en Perse à leurs dépens me laisse parfaitement indifférent. [...] Il va sans dire que nous n'attendons pas d'expressions de gratitude de la part de gens qui subissent de si terribles épreuves et qui se battent avec tant de bravoure, mais nous n'avons pas davantage de raisons d'être perturbés par leurs reproches [15]. »

Novembre 1941. Après la capture par les Allemands de Koursk et de Simferopol, la résistance soviétique semble vaciller. Mais Churchill écrit aux chefs d'état-major le 3 novembre :

« Il n'est pas question de revenir sur les promesses que nous avons faites à la Russie. Si le port d'Arkhangelsk est gelé, nous devrons faire de notre mieux pour acheminer l'aide par d'autres voies [16]. »

12 août 1942. Vol en direction de Moscou pour annoncer aux Soviétiques qu'il n'y aura pas de deuxième front en Europe cette année-là :

« Je réfléchissais à la mission qui me conduisait vers ce lugubre et sinistre État bolchevique, que j'avais tant essayé jadis d'étrangler à la naissance, et que j'avais considéré jusqu'à l'arrivée d'Hitler comme l'ennemi mortel de la liberté et de la civilisation. Et maintenant, que devais-je dire à ses dirigeants ? [...] Je me faisais l'effet d'un homme qui portait un gros bloc de glace au pôle Nord [17]. »

Churchill est informé le 15 avril 1943 du fait que les Allemands ont découvert dans la forêt de Katyn, près de Smolensk, les corps de huit mille officiers polonais, apparemment exécutés par les Soviétiques :

« Hélas, les révélations allemandes sont probablement fondées. Les bolcheviks peuvent être très cruels[18]. »

Mais ces officiers polonais appartiennent au passé, alors qu'il s'agit de préserver l'avenir, sans dévier de l'objectif principal :

« S'ils sont morts, rien ne pourra les faire revenir. [...] Nous devons vaincre Hitler, et ce n'est pas le moment de provoquer des querelles ou de lancer des accusations[19]. »

Ayant reçu de Moscou un télégramme insultant au sujet des convois d'approvisionnement alliés à destination de Mourmansk, Churchill écrit au président Roosevelt le 16 octobre 1943 :

« L'appareil soviétique est convaincu qu'il peut tout obtenir par l'intimidation, et je suis sûr qu'il y a quelque importance à lui montrer que cette conviction n'est pas toujours fondée[20]. »

Au Cabinet de guerre, 24 janvier 1944 :

« Essayer de rester en bonnes relations avec un communiste, c'est comme faire la cour à un crocodile. On ne sait jamais s'il faut lui gratter le menton ou lui taper sur la tête. Quand il ouvre la bouche, on ne peut pas dire s'il essaye de sourire ou s'il s'apprête à vous manger tout cru[21] ! »

Au sous-secrétaire d'État Alexander Cadogan, 23 avril 1944 :

« Comme vous le savez, nous sommes en train de purger tous nos services secrets des communistes, car nous savons qu'ils ne doivent aucune allégeance à notre cause ou à nous-mêmes, et qu'ils trahiront toujours nos secrets aux Soviétiques, même pendant que nous sommes alliés[22]. »

Discours à la Chambre des communes, 24 mai 1944 :

« De profonds changements se sont produits en Union soviétique : la forme trotskiste du communisme a été entièrement éliminée ; les victoires des armées russes se sont accompagnées d'un renforcement certain de l'État russe, qui a désormais une remarquable largeur de vues ; l'aspect religieux de la vie du peuple russe a connu une magnifique renaissance ; [...] le Komintern a été aboli, ce qui est parfois oublié. [...] Ce sont là de remarquables changements par rapport aux conceptions qui régnaient il y a quelques années encore, et qui s'expliquent par des raisons que nous pouvons tous comprendre[23]. »

Message aux chefs d'état-major, 9 septembre 1944, pour recommander un débarquement en Istrie à partir de l'Italie :

« À la fin de cette guerre contre l'Allemagne, la Grande-Bretagne devrait avoir de puissantes forces en Autriche et dans les régions s'étendant au nord de Trieste ; elle ne devrait pas laisser l'Europe centrale et méridionale passer entièrement sous la domination ou l'influence prépondérante de l'Union soviétique[24]. »

À Moscou, 13 octobre 1944. Churchill s'entretient au Kremlin avec le chef du gouvernement polonais en exil, Mikolajczyk. L'entrevue est orageuse :

« Si vous pensez pouvoir conquérir la Russie, eh bien, vous êtes tombé sur la tête, vous devriez être enfermé. Vous nous entraîneriez dans une guerre qui pourrait faire vingt-cinq millions de morts. Vous seriez liquidé. Vous détestez les Russes ; je sais que vous les détestez. Nous, nous avons avec eux des relations amicales – bien plus amicales qu'elles ne l'ont jamais été… Et j'entends que cela continue[25] ! »

22 janvier 1945. Alors que les armées soviétiques ont atteint l'Oder et ne sont plus qu'à 260 km de Berlin, Churchill confie à son secrétaire John Colville :

« Ne vous y trompez pas : l'ensemble des Balkans, à l'exception de la Grèce, va être bolchevisé, et je ne peux rien faire pour l'empêcher. Je ne peux rien faire pour la pauvre Pologne non plus[26]. »

Aux Chequers, 23 février 1945 :

« Lorque Harris* aura fini de détruire l'Allemagne, que restera-t-il entre les neiges blanches de Russie et les blanches falaises de Douvres[27] ? »

8 mars 1945, lettre à Roosevelt au sujet des exactions communistes en Pologne :

« Dans mes déclarations au Parlement, j'étais parti du principe que la déclaration de Yalta serait mise en œuvre dans ses

---

* Le maréchal de l'Air sir Arthur Harris, commandant en chef des bombardiers de la RAF et chargé des opérations aériennes contre l'Allemagne.

termes comme dans son esprit. Une fois que l'on comprendra que nous avons été trompés et que la technique communiste bien connue est appliquée en Pologne, soit directement par les Russes, soit par l'intermédiaire de leurs fantoches de Lublin, cela aura de très graves répercussions sur l'opinion publique britannique[28]. »

Et cinq jours plus tard, ayant reçu de nouveaux rapports sur les sévices de l'armée soviétique en Allemagne, en Bulgarie, en Hongrie et en Roumanie, il ajoute :

« Je serai certainement obligé d'expliquer que nous nous trouvons en présence d'un immense échec, d'un écroulement complet de tout ce qui avait été convenu à Yalta[29]. »

2 avril 1945, au général Eisenhower, commandant en chef allié, sur les opérations en Allemagne :

« Il me paraît hautement important de serrer la main aux Russes le plus à l'Est possible[30]. »

Discours à la BBC au lendemain de la victoire, 13 mai 1945 :

« Il nous reste à nous assurer que les mots "liberté", "démocratie" et "libération" [...] garderont leur vrai sens, celui que nous leur attribuons. À quoi bon punir les hitlériens pour leurs crimes, si le règne de la loi et de la justice ne s'établissait pas, si des gouvernements totalitaires ou policiers devaient prendre la place des envahisseurs allemands[31] ? »

5 mars 1946, discours à Fulton, dans le Missouri, du chef de l'opposition Winston Churchill :

« De Stettin sur la Baltique à Trieste sur l'Adriatique, un rideau de fer est descendu sur le continent. Il y a derrière lui toutes les capitales des anciens États d'Europe centrale et occidentale : Varsovie, Berlin, Prague, Vienne, Budapest, Belgrade, Bucarest et Sofia. Toutes ces villes célèbres et les populations qui les entourent sont maintenant incluses dans ce qu'il me faut appeler la sphère soviétique, et toutes sont soumises non seulement à l'influence soviétique [...], mais encore à un degré croissant de contrôle par Moscou. [...] Les partis communistes, qui étaient très réduits dans tous ces petits États d'Europe orientale, ont été élevés à une position de puissance et de prééminence très supérieure à leur importance numérique, et cherchent partout à imposer un pouvoir totalitaire. [...] La Turquie et la Perse sont toutes deux profondément troublées et alarmées par des revendications et des pressions exercées sur elles par le gouvernement de Moscou. [...] À présent, les Russes s'efforcent de constituer un parti quasi communiste dans leur zone de l'Allemagne occupée. Quelles que soient les conclusions que l'on tire de ces faits, ce n'est certainement pas là l'Europe libérée pour laquelle nous avons combattu ; et ce n'est pas non plus celle qui porte en elle les ferments d'une paix durable. [...] Je ne pense pas que la Russie soviétique veuille la guerre ; ce qu'elle veut, ce sont les fruits de la guerre, et l'expansion sans limites de sa puissance comme de ses doctrines. [...] Nos difficultés et nos dangers ne disparaîtront pas si nous nous voilons la face, si nous attendons de voir ce qui va se passer, ou encore si nous pratiquons une politique d'apaisement. Ce qu'il faut, c'est un règlement, et plus il sera retardé, plus ce sera difficile, et plus grands seront les dangers. En fonction de ce que j'ai pu voir de nos amis et alliés russes pendant la guerre, je me suis convaincu qu'il n'y a rien qu'ils admirent tant que la force, et rien qu'ils respectent moins que la faiblesse, particulièrement la faiblesse militaire [32]. »

Interview au moment du départ de New York, 20 mars 1946. Question : « Sommes-nous en droit de supposer que vous êtes toujours un adversaire du communisme international* ? » Réponse :

« Je n'ai jamais pu me résoudre à l'aimer vraiment**. [...] J'ai la plus grande considération pour le peuple russe, avec toutes ses vertus, son courage et sa camaraderie. Mais ainsi que je l'ai souligné lors de mon allocution du 22 juin 1941, mon soutien à la Russie n'a nullement tempéré mon opposition au communisme, qui représente en réalité la mort de l'âme humaine[33]. »

Lettre au général de Gaulle, 26 novembre 1946 :

« La principale caractéristique du gouvernement travailliste en Angleterre, c'est sa haine des communistes et du communisme. À cet égard, il sera naturellement soutenu par le parti conservateur[34]. »

Discours à New York, 25 mars 1949 :

« Nous voici confrontés à un système qui est tout aussi malfaisant mais bien plus redoutable que celui d'Hitler, car Hitler n'avait que ses élucubrations sur la race des seigneurs et sur l'antisémitisme. [...] Il n'avait pas de doctrine. Mais ces quatorze hommes du Kremlin ont leur hiérarchie et un clergé d'adeptes communistes, dont les missionnaires forment une cin-

---

* Le journaliste qui pose la question n'est autre que le fils de Churchill, Randolph.
** Exemple typique d'*understatement* britannique...

quième colonne dans tous les pays, dans votre pays, dans le nôtre, partout. Ils savent qu'ils prennent un risque, mais aussi que si leur pari réussit, ils seront les maîtres de l'ensemble du pays dont ils ne constituent actuellement qu'une minorité. Ce seront les Quislings*, et ils auront le pouvoir de régenter et de dominer tous leurs concitoyens[35]. »

Discours à la Chambre des communes du député Churchill, 30 novembre 1950 :

« Je suis partisan de faire tous les efforts possibles pour parvenir à un accord avec la Russie soviétique dès que l'occasion s'en présentera, et de faire ces efforts pendant que l'immense et incommensurable supériorité atomique américaine compense la prédominance militaire soviétique dans tous les autres domaines, et nous donne les moyens de mener ces pourparlers d'une façon digne et amicale, et en tout cas entre interlocuteurs égaux**[36]. »

5 avril 1953 : Staline est mort depuis un mois, et le Premier ministre Churchill écrit au président Eisenhower :

« Nous pensons, comme vous certainement, qu'il ne faut laisser passer aucune chance de voir jusqu'où Malenkov*** est prêt à aller pour apaiser toutes les tensions. [...] Nous ne savons pas ce que ces gens veulent dire, mais il ne faut pas les dissuader de dire ce qu'ils veulent dire. [...] Le monde a maintenant de

---

* Nom propre devenu un nom commun : Vidkun Quisling, un politicien norvégien d'extrême droite, avait collaboré activement avec les nazis pendant la Seconde Guerre mondiale, et son nom était presque aussitôt devenu synonyme de traître.
** C'est l'époque de la proposition soviétique de conférence à quatre, mais aussi celle des premiers mois de la guerre de Corée.
*** Gheorghi Malenkov était considéré à l'époque comme le successeur le plus probable de Staline.

grands espoirs d'un changement d'état d'esprit au sein des grandes et puissantes masses russes, et cela peut les faire avancer vite et loin, peut-être même jusqu'à la révolution. On a bien dit que le moment le plus dangereux pour des régimes malfaisants est celui où ils commencent à se réformer[37]. »

3 novembre 1953 : ayant surmonté les effets d'un accident vasculaire cérébral paralysant, le Premier ministre convalescent de 78 ans prononce un discours magistral à la Chambre des communes, après quoi il dit à son médecin, lord Moran :

« C'était le dernier de ces fichus obstacles. Maintenant, nous pouvons penser à Moscou. [...] Vous ne pouvez pas savoir, Charles, combien de choses dépendent des Russes. Il faut que je voie Malenkov ; après, je pourrai partir en paix[38]. »

Discours à Woodford du retraité Winston Churchill, 20 avril 1959 :

« La Russie et l'Angleterre ont tout à gagner de la paix, et elles n'ont rien à y perdre. Les Soviétiques espèrent que les doctrines de Karl Marx finiront par prévaloir. Nous pensons, nous, qu'à mesure que l'influence apaisante et bénéfique de la prospérité commencera à faire progresser le monde communiste, il sera plus enclin à coexister aisément avec ses voisins. Tel est notre espoir... Il nous faut être patients et il nous faut être fermes[39]. »

Chapitre XIII

SᴛALINE

Message personnel pour transmission à Joseph Staline, 3 avril 1941 :

« J'ai des informations sûres, émanant d'un agent digne de foi, qui indiquent que lorsque les Allemands pensaient s'être assurés de la Yougoslavie, c'est-à-dire après le 20 mars*, ils ont commencé à déplacer trois de leurs cinq divisions blindées de la Roumanie jusqu'au sud de la Pologne. Au moment où ils ont appris que la révolution serbe avait éclaté, ce mouvement a été annulé. Votre Excellence saisira certainement la signification de ces faits** [1]. »

Télégramme à Staline, 4 novembre 1941 :

« J'espère que nos approvisionnements quittent Arkhangel aussi rapidement qu'ils y sont débarqués. […] De petites quan-

---

* Lorsque le gouvernement yougoslave du régent Paul a accepté d'adhérer au pacte tripartite.

** L'avertissement est clair, mais les sources sont camouflées : Churchill fait comprendre à Staline que les Allemands s'apprêtaient à envahir l'URSS, mais en avaient été momentanément détournés par le coup d'État du général Simovitch à Belgrade le 27 mars. En réalité, ce sont les services britanniques de Bletchley Park qui ont détecté les mouvements des troupes allemandes en décryptant leurs communications, transmises par la machine Enigma.

tités commencent à être envoyées par la Perse. Nous ferons l'impossible pour pomper des deux côtés. [...] Je ne puis vous communiquer nos plans militaires, pas plus que vous ne pouvez nous communiquer les vôtres, mais soyez assuré que nous ne resterons pas inactifs[2]. »

12 août 1942. Première entrevue avec Staline au Kremlin. Churchill vient d'expliquer au dictateur rouge pourquoi il ne pourra pas y avoir de débarquement à l'Ouest en 1942 :

« Un silence oppressant s'installa. Enfin, Staline déclara que si nous ne pouvions débarquer en France cette année-là, il n'avait pas qualité pour l'exiger ou pour insister, mais il était obligé de me dire qu'il n'était pas d'accord avec mes arguments. [...] Le moment était venu de présenter "Torch*". Je lui déclarai [...] que nous avions arrêté avec les Américains un projet que le président des États-Unis m'avait autorisé à lui révéler confidentiellement. Au moment de le faire, je soulignai à nouveau l'importance du secret. À ces mots, Staline se redressa, grimaça un sourire et dit qu'il espérait que l'information ne s'étalerait pas dans la presse britannique. Je lui expliquai alors les détails de l'opération "Torch". Staline manifesta un intérêt intense [...]. Pour bien illustrer mon argumentation, j'avais dessiné entre-temps l'image d'un crocodile, et je m'en servis pour expliquer à Staline que nous projetions d'attaquer le ventre mou du crocodile en même temps que son museau dur. Et Staline, dont l'intérêt était maintenant à son comble, s'exclama : "Que Dieu favorise cette entreprise !"[3] »

Mais le Petit Père des peuples sait à merveille faire alterner le froid et le chaud ; l'entrevue du lendemain est glaciale ; et Churchill, qui s'estime insulté par les sarcasmes de son

---

* Le plan de débarquement en Afrique du Nord.

hôte, envisage même de rentrer. Le 14 août, il confie à son médecin :

« Staline ne voulait pas me parler. J'ai mis fin à l'entretien ; j'en avais assez. Le repas était infect ; je n'aurais pas dû venir. Et pourtant, j'ai toujours le sentiment que je pourrais m'entendre avec cet homme, si seulement j'arrivais à surmonter la barrière de la langue. C'est cela qui est terriblement difficile[4]. »

Discours aux Communes, 8 septembre 1942 :

« Au milieu de ses tourments, la Russie a la très grande chance d'avoir à sa tête ce grand et rude chef de guerre. C'est un homme à la personnalité aussi puissante qu'éminente, […] un homme au courage et à la volonté inépuisables, un homme qui parle franchement et même carrément, […] et par-dessus tout, c'est un homme qui possède ce sens de l'humour salvateur si important pour tous les hommes et toutes les nations, mais particulièrement pour les grands hommes et les grandes nations. Staline m'a également donné l'impression d'être doté d'une sagesse profonde et imperturbable, ainsi que d'une totale absence d'illusions. Je crois lui avoir fait sentir que nous étions dans cette guerre de bons et fidèles camarades[5]. »

Au rédacteur en chef du Times Barrington-Ward, 29 mars 1943 :

« J'ai courtisé Staline comme un homme courtiserait une jeune fille… Mais après la guerre, je ne veux pas rester seul en Europe avec l'Ours[6]. »

2 mai 1943. À l'ambassadeur de Grande-Bretagne à Moscou Clark Kerr, après les révélations sur l'affaire de Katyn :

« Je pense qu'il serait regrettable que nos discussions avec Staline sur les affaires polonaises aient pour effet d'interrompre le flux de messages plus ou moins hebdomadaires que je lui adresse au sujet de nos opérations. Je suis sûr qu'ils lui font plaisir et permettent de maintenir nos contacts indispensables[7]. »

Mais ces contacts s'avèrent décevants, car les télégrammes de Staline se font de plus en plus insultants – à tel point que Churchill envisage de mettre fin à la correspondance. Il y renonce naturellement, mais déclare le 24 août à l'ambassadeur Harriman :

« Il y aura des conséquences sanglantes à l'avenir. Staline est un homme anormal[8]. »

Churchill à ses chefs d'état-major, qui viennent de déchirer à belles dents un de ses plans chimériques pour un débarquement en Norvège du Nord :

« Staline a la chance de pouvoir faire fusiller tous ceux qui sont en désaccord avec lui, et il a déjà utilisé beaucoup de munitions à cet effet[9] ! »

16 janvier 1944, lettre à Anthony Eden :

« Les victoires considérables remportées par les armées russes, les changements profonds qui sont intervenus dans le caractère de l'État et du gouvernement russes, ainsi que la nouvelle confiance envers Staline qui anime nos cœurs*, tout cela n'a pas manqué de m'influencer[10]. »

À lord Moran, à son retour de la conférence de Québec, fin septembre 1944 :

« Tout pourrait s'arranger si je parvenais à gagner l'amitié de Staline. Après tout, le président** est stupide de penser qu'il est le seul à pouvoir traiter avec Staline. J'ai découvert que je peux parler avec Staline d'homme à homme, et […] je suis sûr qu'il se montrera raisonnable[11]. »

Lettre à son épouse depuis Moscou, 13 octobre 1944 :

« Les affaires vont bien. Nous avons réglé beaucoup de choses au sujet des Balkans*** et désamorcé des quantités de querelles en puissance. Les deux variétés de Polonais**** sont arrivées et sont logées pour la nuit dans deux cages distinctes. Nous les verrons demain à tour de rôle. […] J'ai eu des conversations très agréables avec le Vieil Ours. Plus je le vois, plus il me plaît. *Maintenant* on nous respecte ici, et je suis sûr qu'ils veulent coopérer avec nous[12]. »

À Moscou, 14 octobre 1944, après de pénibles discussions au Kremlin avec le représentant du gouvernement polonais en exil à propos des futures frontières de la Pologne :

« De bonnes relations avec Staline sont plus importantes qu'un tracé de frontières[13]. »

---

* On ignore sur quoi se fonde une aussi soudaine et touchante confiance, mais on sait déjà que le Premier ministre est notoirement cyclothymique…
** Franklin Roosevelt.
*** C'est le célèbre accord – très officieux – sur les pourcentages d'influence dans les Balkans.
**** Les représentants du gouvernement polonais en exil à Londres et ceux du « gouvernement de Lublin », créé et soutenu par les Soviétiques.

12 novembre 1944, au général de Gaulle dans Paris libéré :

« La Russie est un gros animal qui a eu faim très longtemps. Il n'est pas possible aujourd'hui de l'empêcher de manger, d'autant plus qu'il est parvenu en plein milieu du troupeau des victimes. Mais il s'agit qu'il ne mange pas tout. Je tâche de modérer Staline, qui, d'ailleurs, s'il a grand appétit, ne manque pas de sens pratique. Et puis, après le repas, il y a la digestion. Quand l'heure viendra de digérer, ce sera, pour les Russes assoupis, le moment des difficultés. Saint Nicolas pourra peut-être, alors, ressusciter les pauvres enfants que l'ogre aura mis au saloir. En attendant, je suis présent à toutes les affaires, ne consens à rien pour rien et touche quelques dividendes [14]. »

À la Chambre des communes après son retour de la conférence de Yalta, 27 février 1945 :

« L'impression que j'ai rapportée de mon séjour en Crimée, et de tous mes autres contacts, c'est que le maréchal Staline et les dirigeants soviétiques désirent vivre dans une amitié et une égalité honorables avec les démocraties occidentales. Je crois aussi qu'ils n'ont qu'une parole [15]. »

Au cours des mois qui suivent, Churchill va perdre une bonne partie de ses illusions. Les exactions commises par les Soviétiques en Europe centrale – et particulièrement en Pologne – sont trop graves et trop nombreuses pour être ignorées. Le 27 avril 1945, Churchill envoie à Staline un long télégramme, dans lequel il récapitule les plaintes qui lui ont été adressées de Pologne au sujet des arrestations arbi-

traires, des exécutions sommaires et des déportations de masse :

« Comment puis-je contredire de telles plaintes, alors que vous ne me donnez pas la moindre information, et que ni moi ni les Américains n'ont l'autorisation d'envoyer qui que ce soit en Pologne pour s'informer de ce qu'il en est ? [...] Il n'est guère réconfortant d'envisager un avenir dans lequel vous et les pays dominés par vous, ainsi que les partis communistes dans bien d'autres États, serez regroupés d'un côté, tandis que ceux qui se rallieront aux pays de langue anglaise et à leurs associés et *dominions* se retrouveront de l'autre. Il est bien évident que le conflit qui en résulterait ne manquerait pas de mettre le monde en pièces [16]. »

Conférence de Potsdam, 17 juillet 1945. Churchill à son médecin :

« Staline était fort aimable, mais il ouvrait très largement la bouche [17]. »

À Malcolm Muggeridge, rédacteur en chef adjoint du Daily Telegraph, *23 août 1950 :*

« Quel dommage que Staline se soit révélé être un tel salaud*... Lui, Truman et Attlee auraient pu gouverner le monde – quel triumvirat [18] ! »

---

* En dépit de ses déclarations publiques, Churchill conservera toujours un très grand respect pour les capacités de Staline, et répétera à de nombreuses reprises que le Petit Père des peuples a toujours respecté ses engagements – notamment en s'abstenant d'intervenir dans la guerre civile en Grèce. En fait, Churchill ne semble jamais avoir mesuré toute l'ampleur des crimes commis par le dictateur rouge.

Chapitre XIV

LES ÉTATS-UNIS

Le sous-lieutenant Churchill à sa mère, 10 novembre 1895 :

« Quel peuple extraordinaire que les Américains ! Leur hospitalité est pour moi une révélation. [...] D'un autre côté, je suis très défavorablement impressionné par leur presse et par leur monnaie*[1]. »

Lettre à son frère Jack, 15 novembre 1895 :

« L'essence du journalisme américain, c'est une vulgarité dépourvue de vérité. Leurs meilleurs journaux s'adressent à une classe de ménagères maussades et de valets de pied, et même les gens les plus distingués ont un goût si altéré qu'ils en sont venus à apprécier ce style. [...] Représente-toi le peuple américain comme un grand adolescent vigoureux qui piétine toutes tes sensibilités et possède toutes les mauvaises manières imaginables, ne respecte ni l'âge ni les traditions, mais sait entreprendre avec une fraîcheur d'esprit qui pourrait susciter l'envie de bien des vieilles nations[2]. »

---

* Les dollars en papier.

Lettre à sa mère, 22 mai 1898 :

« Pour moi, qui suis un représentant des deux pays*, l'idée d'un rapprochement anglo-américain a tout pour plaire. L'un des principes de base de ma politique sera toujours de promouvoir une bonne entente entre les communautés de langue anglaise[3]. »

Discours à Boston, 18 décembre 1900 :

« Je suis fier d'être le produit naturel d'une alliance anglo-américaine ; non pas une alliance politique, mais une alliance plus forte et plus sacrée, une alliance des cœurs[4]. »

University Club, Chicago, 10 janvier 1901 :

« Pour moi, le facteur le plus important qui unit les Anglais et les Américains, c'est qu'ils se lavent. En définitive, le symbole de l'unité anglo-saxonne reste la baignoire** et la brosse à dents[5]. »

Discours du jeune député conservateur Churchill à la Chambre des communes, 22 juin 1903 :

« J'ai toujours pensé que le summum de l'habileté politique anglaise à long terme consistait à entretenir de bonnes relations avec les États-Unis[6]. »

---

* On sait que Winston Churchill est né de père anglais et de mère américaine.
** Churchill a passé davantage de temps dans sa baignoire que tout mortel ordinaire.

15 février 1915. Le Premier lord de l'Amirauté Churchill au ministre de la marine marchande Walter Runciman :

« Il est de la plus haute importance d'attirer la navigation neutre vers nos rivages, en espérant surtout que cela permettra de faire entrer les États-Unis en conflit avec l'Allemagne. L'annonce officielle allemande de guerre sous-marine à outrance a été notifiée aux États-Unis dans l'espoir de les amener à détourner leur trafic maritime. Mais nous, nous avons besoin de ce trafic – plus il y en aura, mieux ce sera ; et s'il arrive quelque chose à une partie de ce trafic, ce sera mieux encore[7]. »

Churchill sur l'entrée en guerre des États-Unis, avril 1917 :

« De toutes les grandes erreurs de calcul commises par le haut-commandement allemand, aucune n'est plus remarquable que son incapacité à comprendre la signification d'une guerre avec les États-Unis. C'est sans doute le suprême exemple de la folie qui consiste à fonder une politique de guerre sur la seule analyse des facteurs matériels. L'effort de guerre de 120 millions de citoyens éduqués, équipés par la science et disposant de toutes les ressources d'un continent invulnérable – non, d'un Nouveau Monde –, ne pouvait se mesurer au nombre de soldats entraînés, d'officiers formés, de canons forgés et de navires de guerre alignés. [...] Quelle témérité que de s'attirer l'inimitié active de la plus grande nation civilisée du monde, en pariant qu'elle ne paraîtrait pas à temps sur le champ de bataille*[8] ! »

---

* Il est intéressant de noter qu'Adolf Hitler commettra exactement la même erreur un quart de siècle plus tard, en décembre 1941...

10 mai 1917, discours à la Chambre en session secrète du député Churchill :

« N'est-il pas évident […] que nous devrions éviter de dilapider ce qui reste des armées de France et de Grande-Bretagne dans des offensives précipitées, avant que la puissance américaine ne commence à peser sur les champs de bataille ? Nous n'avons pas la supériorité numérique nécessaire pour réussir de telles offensives. […] Nous n'avons découvert ni les méthodes mécaniques, ni les méthodes tactiques qui permettent de percer une succession infinie de lignes fortifiées défendues par les troupes allemandes. Allons-nous, dans de telles conditions, lancer ce qui reste de nos effectifs dans des entreprises désespérées sur le front occidental, avant que d'importantes forces américaines ne soient rassemblées en France[9] ? »

(C'est malheureusement ce qui sera fait… Mais devant l'échec sanglant de ces offensives, le nouveau Premier ministre Lloyd George se décide à nommer Churchill ministre de l'Armement. À ce poste, il va effectuer des prodiges – et entamer une fructueuse collaboration avec le nouvel allié américain.)

Les troupes américaines débarquent en France sans armes, et c'est le nouveau ministre de l'Armement Churchill qui va devoir remédier à cette carence :

« Combattre pour défendre sa patrie est le premier devoir du citoyen ; mais combattre pour défendre la patrie d'un autre, c'est une affaire bien différente. […] Accepter de traverser l'océan et de se battre pour des étrangers, loin de son pays, pour régler des affaires dont les origines vous échappent, tout cela demande une vision élevée des affaires humaines et un sens des responsabilités au niveau mondial. […] Cette conduite contraignait les Alliés à ne ménager aucun effort pour équiper les forces qui leur étaient si loyalement confiées. J'y travaillai sans relâche. Ma tâche m'amena à une collaboration intime et incessante avec les principaux représentants en Europe des Services d'Approvisionnement des États-Unis, ainsi qu'avec le général Bliss, et à l'occasion avec le général Pershing*. Dès l'abord, nous avons collaboré sans le moindre désaccord ou malentendu. Nous avons mené la guerre en commun, à tous les sens du mot. Nous avons transféré des montagnes de toutes sortes de matériels, à tous les stades de production, d'un registre à un autre, conformément à nos différents besoins, aussi aisément que deux amis se seraient partagés un panier-repas. Aucun formalisme dans tout cela : nous dévalisions nos placards pour apporter tout ce dont les troupes américaines en France pouvaient avoir besoin, et les Américains [...] retiraient de leurs moindres programmes d'armement tout ce qui pouvait satisfaire nos besoins les plus urgents. Nous avons construit en commun des usines d'assemblage de tanks et d'avions, et ils nous ont offert tout leur stock initial de gaz moutarde [10]. »

Le général Pershing ne voulait pas engager les troupes américaines avant qu'elles ne soient formées en divisions entières sur le sol français. Churchill estime le processus trop long et demande que les bataillons américains soient intégrés au plus tôt dans des divisions britanniques. Mémorandum secret au Cabinet de guerre, 14 mars 1918 :

« Les immenses avantages politiques et militaires qu'il y a à attirer les soldats américains dans la guerre, comblant ainsi partiellement le fossé creusé par la diminution de nos propres forces, devraient peser plus lourd que toutes les autres considérations. [...] Outre les impérieuses nécessités militaires, le fait d'entremêler sur les champs de bataille des unités britanniques et améri-

---

* Le général Pershing était le commandant en chef du corps expéditionnaire américain en Europe, et le général Bliss son chef d'état-major.

caines, qui éprouveront des pertes et des souffrances communes, est à même d'exercer une influence incommensurable sur les futures destinées des peuples de langue anglaise*[11]... »

(Devant les urgences de l'heure, le général Pershing finit par céder, ce qui contribuera de façon décisive à enrayer les grandes offensives allemandes du printemps et de l'été 1918, et permettra les contre-offensives victorieuses de l'automne.)

30 novembre 1919, les leçons de la victoire :

« Le fait que le Grande-Bretagne et les États-Unis aient enfin combattu côte à côte constitue un événement décisif dans l'histoire de la civilisation. [...] Ces deux grandes branches de la famille de langue anglaise ont enfin pu écrire leur histoire en commun. Au lieu des chroniques anciennes – et Dieu merci dépassées – des rivalités d'antan, il nous reste le souvenir éclatant du fait que nous avons sauvé l'Europe de l'apocalypse, et la ferme conviction qu'en agissant ensemble, nous pouvons nous préserver de tous les périls que nous réserve l'avenir[12]. »

Mais l'avenir de cette action commune s'annonce mal, puisque les Américains s'enferment presque aussitôt dans l'iso-lationnisme :

« On ne pourrait concevoir de page plus sombre dans l'his-toire de l'humanité que la non-ratification du traité de Versailles

---

* C'est très bien vu dans l'ensemble : la camaraderie d'armes au cours de la Première Guerre mondiale ne sera pas sans influence sur l'ensemble des méca-nismes de coopération anglo-américaine au cours de la Seconde. Du reste, les principaux chefs militaires américains de la Seconde Guerre mondiale ont servi en France au cours de la Première, à commencer par les généraux Marshall, Patton, Bradley, MacArthur et Donovan... ainsi qu'un jeune capitaine d'artillerie nommé Harry Truman.

par les États-Unis. [...] Nous ne pouvons croire qu'une telle page puisse être écrite par des mains américaines[13]. »

Les tractations sur les dettes de guerre et la question irlandaise divisent encore davantage la Grande-Bretagne et les États-Unis. Churchill à son épouse, 14 février 1921 :

« J'ai été élu président de l'*English Speaking Union*. Il n'a pas été commode de faire un discours enthousiaste au sujet des États-Unis, à un moment où ils disent tant de mal de nous là-bas, et s'efforcent de soutirer jusqu'au dernier sou à leurs malheureux alliés. Et pourtant, une seule voie nous est ouverte, celle de rester aussi proches d'eux que possible, et de faire preuve de la plus grande patience en attendant que s'instaurent de meilleurs sentiments[14]. »

Juillet 1921, le nouveau ministre des Colonies aux Premiers ministres de l'Empire britannique :

« La France a renoncé à revendiquer des positions stratégiques fortes le long du Rhin. [...] Nous lui avions promis que si elle renonçait à ces positions stratégiques, l'Angleterre et l'Amérique viendraient l'appuyer en cas de nécessité. [...] Mais il faut reconnaître qu'en raison de la défection de l'Amérique, le traité a été pratiquement invalidé[15]. »

Le ministre des Finances Churchill à son épouse sur les négociations de Paris au sujet des dettes de guerre, 10 janvier 1925 :

« J'ai livré une bataille homérique aux Yankees, et je les ai amenés petit à petit à un montant raisonnable. À la fin, nous nous battions pour des broutilles comme 100 000 £ ! Mais il n'y a jamais eu de mauvaise volonté, et nous sommes maintenant parvenus à un accord tout à fait satisfaisant[16]. »

9 décembre 1929. Le jour du Jeudi Noir, Churchill contemple la ville de New York depuis le dernier étage de la bourse de Wall Street :

« Personne ne peut douter que ce désastre financier, si énorme soit-il, si cruel pour des milliers de gens, n'est qu'un épisode passager dans la marche en avant d'un peuple vaillant et serviable, qui, par un impitoyable processus d'expérimentation, ouvre de nouvelles voies à l'homme et montre à toutes les nations bien des choses qu'elles devraient entreprendre et bien d'autres qu'elles devraient éviter[17]. »

8 mars 1932, de retour à New York :

« N'ayons pas peur des États-Unis d'Europe. Tant que les États-Unis et l'Angleterre se rapprochent, il n'y a aucun effet délétère auquel ils ne puissent faire face[18]. »

Un avertissement solennel, 10 décembre 1937 :

« Les démocraties parlementaires ne doivent pas s'illusionner au point de croire que les États-Unis reviendront en Europe pour se mêler de leurs conflits. Bien au contraire, la principale résolution de la grande majorité des Américains est d'éviter de se trouver empêtrés dans les affaires de l'Europe, ou même de l'Asie du Sud-Est, et ils veulent rester en dehors d'une guerre à n'importe quel prix[19]. »

*16 octobre 1938, allocution radiodiffusée au peuple améri-
cain après la crise de Munich :*

« L'Europe est actuellement intimidée et désorientée devant
les avancées triomphantes du pouvoir dictatorial. [...] Vous,
peuple des États-Unis auquel j'ai la chance de m'adresser aujour-
d'hui, êtes les spectateurs, et j'ajouterais les spectateurs de plus
en plus engagés, de ces tragédies et de ces crimes. Nous savons
ce que sont les convictions et les sympathies du peuple américain. Mais allez-vous attendre que la liberté et l'indépendance
britanniques aient succombé, pour défendre seuls une cause aux
trois quarts perdue ? [...] Nous avons besoin d'un rassemblement rapide de toutes les forces pour barrer la route à l'agression
militaire comme à l'agression morale ; il faut que les peuples de
langue anglaise, et toutes les nations, petites et grandes, qui
veulent faire route avec eux, acceptent sobrement et résolument
de faire leur devoir[20]. »

*Discours au Carlton Club de Londres après l'occupation de
la Tchécoslovaquie et les premières menaces contre la Pologne,
28 juin 1939 :*

« Le facteur le plus décisif qui pourrait permettre de préserver la paix dans le monde, c'est l'intime compréhension par les
États-Unis du fait que la cause de la liberté est actuellement en
jeu en Europe. Nous ne demandons de faveurs de la part
d'aucune nation. Tout pays doit juger de ce que sont ses intérêts et ses devoirs. Mais la compréhension, la bienveillance et la
sympathie de la grande république américaine est pour nous un
encouragement très réel au cours de ces mois et de ces semaines
d'inquiétude croissante[21]. »

28 juin 1940. Le Premier ministre Churchill à son ambassa-deur à Washington, lord Lothian, alors que la bataille d'Angle-terre est sur le point de s'engager :

« Il ne faut pas accorder trop d'importance aux remous de l'opinion américaine. Seule la force des événements peut l'influencer. Jusqu'en avril, elle était si sûre que les Alliés allaient gagner qu'elle croyait toute aide superflue ; maintenant, elle est si sûre que nous allons perdre qu'elle croit toute aide impossible. Je suis confiant dans notre capacité à repousser l'invasion et à nous imposer dans les airs. En tout cas, nous allons essayer. Ne cessez jamais d'expliquer au président et aux autres que si ce pays était envahi et occupé après de rudes combats, un gouvernement Quisling serait constitué pour faire la paix, en devenant un protectorat allemand. [...] Les sentiments de l'Angleterre vis-à-vis des États-Unis seraient alors très semblables à l'amertume que ressentent actuellement les Français à notre égard. Jusqu'à présent, nous n'avons reçu de la part des États-Unis aucune aide digne de ce nom[22]. »

Au général de Gaulle, août 1940 :

« Comprenez que les bombardements d'Oxford, de Coventry, de Canterbury, provoqueront aux États-Unis une telle vague d'indignation qu'ils entreront dans la guerre[23] ! »

Ils n'en feront rien, mais l'aide matérielle américaine arri-vera massivement au cours de l'été, et constituera même un facteur décisif pour l'issue de la bataille d'Angleterre. Discours de Churchill à Mansion House, 9 novembre 1940 :

« L'aide américaine qui nous a été promise revêt actuellement l'aspect d'un partage considérable de la gigantesque production d'armements issue des incomparables ateliers, hauts-fourneaux et fonderies des États-Unis. Bien sûr, elle nous a été accordée avant tout parce que notre résistance opiniâtre et résolue permettra seule aux États-Unis de gagner le temps nécessaire pour mettre son industrie sur le pied de guerre et rassembler les immenses forces navales, militaires et aériennes destinées à leur propre protection*[24]. »

Au Comité de Défense, 16 avril 1941 :

« La bataille de l'Atlantique et l'attitude des États-Unis d'Amérique constituent les deux facteurs décisifs de la guerre[25]. »

Discours aux Communes, 7 mai 1941 :

« Lorsqu'une puissante démocratie de 130 millions de citoyens se met en branle, on ne peut qu'attendre son plein déploiement […] et sa manifestation concrète sur le terrain. Chacun peut voir la preuve de la peur qu'inspirent les États-Unis à Hitler dans le fait qu'il tarde tant à leur déclarer la guerre[26]. »

28 août 1941. Après le semi-échec de la conférence de Terre-Neuve en août 1941, Churchill écrit à Harry Hopkins, le bras droit du président :

« Je dois vous dire que les nombreuses assurances du président selon lesquelles l'Amérique refusait tout nouvel engage-

---

* C'est un des premiers discours destinés à rappeler aux Américains qu'il est dans leur intérêt bien compris de fournir toute l'aide possible à la Grande-Bretagne. Il y en aura d'innombrables autres.

ment et n'était pas plus proche de la guerre ont provoqué une vague de dépression au sein du Cabinet et dans d'autres cercles informés ici. Je crains que tout cela ait des répercussions au Parlement. Si 1942 commence avec une Russie écrasée et une Grande-Bretagne à nouveau isolée, toutes sortes de dangers risquent d'émerger. [...] Vous savez mieux que personne si l'on peut faire quelque chose de plus. Je vous serais très reconnaissant si vous pouviez me donner quelque espoir[27]. »

Churchill à l'ambassadeur des États-Unis Winant, 30 août 1941 :

« Il nous faut une déclaration de guerre des États-Unis maintenant, sinon, bien que nous ne puissions être vaincus, la guerre pourrait durer encore quatre ou cinq ans, et la civilisation comme la culture seraient oblitérées. [...] L'Amérique seule aurait les moyens de mettre fin à la guerre – son intervention pourrait amener la victoire en 1943[28]. »

Le 7 décembre 1941, les Japonais attaquent Pearl Harbor, et les États-Unis se trouvent précipités dans la guerre. Churchill :

« Aucun Américain ne m'en voudra de proclamer que j'éprouvai la plus grande joie à voir les États-Unis à nos côtés. [...] Je ne pouvais prétendre avoir mesuré avec précision la puissance guerrière du Japon, mais je compris que, dès cet instant, la grande République américaine était en guerre, jusqu'au cou et jusqu'à la mort. Ainsi, nous avions fini par gagner ! [...] L'Angleterre survivrait, la Grande-Bretagne survivrait, le Commonwealth des nations et l'Empire survivraient. Personne ne pouvait dire combien de temps dureraient encore les hostilités ni la manière précise dont elles se termineraient, mais à cet instant, je n'en avais cure. Une fois de plus dans la longue histoire de notre île, nous allions émerger saufs et victorieux, quoique meurtris et mutilés. Nous ne disparaîtrions pas. Notre histoire ne s'achèverait pas. Nous n'aurions peut-être même pas à mourir en tant qu'individus. Le destin d'Hitler était scellé; le destin de Mussolini était scellé; quant aux Japonais, ils seraient réduits en poussière. Il faudrait certes bien du temps. [...] Nous aurions encore à connaître bien des désastres, à subir bien des pertes et des tribulations, mais désormais, l'issue du combat ne faisait plus de doute. Les imbéciles, et il y en avait beaucoup – pas seulement dans les pays ennemis –, pouvaient mépriser la puissance militaire des États-Unis. Certains disaient qu'ils étaient mous, d'autres qu'ils ne pourraient s'unir. Qu'ils s'égareraient loin du champ de bataille. Qu'ils n'en viendraient jamais aux mains. Qu'ils ne supporteraient jamais de verser leur sang. Que leur régime démocratique et leurs élections périodiques paralyseraient leur effort de guerre. [...] Que nous allions voir toutes les faiblesses de ce peuple nombreux mais lointain, riche et bavard. Mais j'avais, moi, étudié la guerre de Sécession, où les Américains s'étaient battus à outrance. Du sang américain coulait dans mes veines. Je me rappelais qu'Edward Grey* m'avait dit plus de trente ans auparavant que les États-Unis étaient comme "une gigantesque chaudière. Une fois le foyer allumé, elle pouvait produire une puissance illimitée." Saturé, rassasié d'émotions et de sensations, j'allai me coucher et dormis du sommeil d'un homme sauvé et reconnaissant[29]. »

18 janvier 1942, Churchill au roi George VI :

« La Grande-Bretagne et les États-Unis sont maintenant mariés, après bien des mois de fiançailles[30]. »

---

* Sir Edward Grey était ministre des Affaires étrangères dans le cabinet Asquith et collègue de Churchill au début de la Grande Guerre.

20 août 1942. Au Caire, les Américains se proposent de prendre le contrôle de la voie de chemin de fer reliant le Golfe Persique au Caucase*. Le chef d'état-major britannique Brooke objecte que l'Iran est une zone d'influence anglaise, et qu'un contrôle américain sur les chemins de fer iraniens rendrait l'armée britannique sur place entièrement dépendante des États-Unis pour ses approvisionnements. Churchill :

« Et comment notre dépendance pourrait-elle être en de meilleures mains[31] ? »

Au général américain Clark, adjoint du commandant en chef pour l'opération « Torch » de débarquement en Afrique du Nord, 19 octobre 1942 :

« L'ensemble des ressources du Commonwealth britannique est à votre disposition. [...] N'oubliez pas que nous vous appuierons quoi que vous fassiez[32]. »

10 décembre 1942, devant la Chambre en session secrète, Churchill tente d'expliquer les dessous de l'affaire Darlan** :

« En temps de guerre, il n'est pas toujours possible de faire en sorte que les choses se passent exactement comme on le voudrait. Lorsqu'on coopère avec des alliés, il arrive parfois qu'ils aient leur propre point de vue. Depuis 1776, nous n'avons pas été en mesure de décider de la politique des États-Unis. [...] Les Américains considèrent "Torch" comme une expédition américaine,

---

* Cette voie permettait d'acheminer des approvisionnements vers l'URSS, sans s'exposer aux dangers considérables de la route arctique vers Mourmansk.

** Après le débarquement allié en Afrique du Nord, les Américains, pressés de faire cesser les hostilités, avaient fait nommer l'amiral Darlan « haut-commissaire pour l'Afrique du Nord », ce qui avait provoqué bien des remous à Londres, et ailleurs...

sous le commandement suprême du président des États-Unis. [...] Nous avons accepté ce fait dès le départ, et nous servons sous leur commandement. [...] Cela signifie que ni militairement, ni politiquement, nous ne contrôlons le cours des événements[33]. »

Au président Roosevelt, 2 février 1943 :

« Personne ne peut prédire avec certitude que les vainqueurs ne se querelleront jamais, ou que les États-Unis ne recommenceront pas à se désintéresser de l'Europe, mais après les épreuves que nous avons tous connues, les souffrances et la certitude qu'une troisième guerre détruirait tout ce qui reste à l'humanité de culture, de richesse et de civilisation, en nous ravalant presque au rang d'animaux sauvages, les principales puissances ne ménageront aucun effort pour prolonger leur honorable association de temps de guerre, et pour s'assurer un nom glorieux dans les annales de l'humanité à force de sacrifices et de modération. La Grande-Bretagne fera certainement l'impossible pour organiser une coalition capable de résister à tout acte d'agression, d'où qu'il vienne. On pense que les États-Unis coopéreront avec elle, et assumeront peut-être même le leadership du monde, en raison de leurs nombres et de leur force[34]. »

Discours au Congrès, Washington, 19 mai 1943 :

« L'expérience d'une longue vie et la voix du sang m'ont donné la conviction que rien n'est plus important pour l'avenir du monde que l'association fraternelle de nos deux peuples[35]. »

Au général de Gaulle, 11 novembre 1944 :

« Les Américains ont d'immenses ressources. Ils ne les emploient pas toujours à bon escient. J'essaie de les éclairer, sans oublier, naturellement, d'être utile à mon pays[36]. »

6 avril 1945, lettre à son épouse :

« Il y a eu une querelle entre notre état-major et les Américains, et j'y ai participé en envoyant des télégrammes au président au sujet d'un changement de plan d'Eisenhower concernant le front occidental*. [...] Les seules fois où je me dispute avec les Américains, c'est lorsqu'ils refusent de nous donner notre juste part d'occasions de nous illustrer. Bien sûr, cela me fait beaucoup de peine de constater à quel point nos armées sont plus réduites que les leurs. J'ai toujours voulu que nos forces soient égales, mais comment faire, face à une nation si puissante dont la population est trois fois plus nombreuse que la nôtre[37] ? »

5 mai 1945, en apprenant que les Soviétiques ont attiré dans un piège les quinze représentants de la résistance polonaise non-communiste, Churchill écrit à Eden :

« Nous devons nous assurer que nos alliés russes comprennent ce qui est en jeu, mais nous devons aussi nous assurer que les États-Unis sont avec nous[38]. »

Discours du chef de l'opposition Churchill à Fulton, Missouri, 5 mars 1946 :

« L'assurance de prévenir la guerre et l'essor constant d'une organisation mondiale ne pourront être obtenus sans ce que j'ai

---

* Après en avoir informé Staline – et oublié de consulter ses alliés britanniques –, le général Eisenhower avait décidé de faire porter son offensive sur Dresde et Leipzig, au lieu de s'en tenir au plan initial, qui prévoyait de faire porter tout l'effort des armées américaines et britanniques en direction de Berlin. Pour Churchill et ses chefs d'état-major, ce changement de plan était susceptible d'avoir des conséquences stratégiques et politiques catastrophiques.

appelé l'association fraternelle des peuples de langue anglaise. Cela implique une relation particulière* entre le Commonwealth et l'Empire britannique d'une part, et les États-Unis d'autre part. Ce n'est pas le moment de se complaire en généralités, et je vais donc me risquer à être précis : une association fraternelle nécessite non seulement une amitié croissante et une compréhension mutuelle entre nos deux grands systèmes de société apparentés, mais aussi la poursuite des relations intimes entre nos conseillers militaires, débouchant sur une étude commune des dangers potentiels, une standardisation des armements et des manuels d'instruction, et un échange d'officiers et de cadets [...]. Ainsi, et ainsi seulement, quoiqu'il arrive, nous assurerons notre sécurité et nous travaillerons en faveur des nobles et simples causes qui nous sont chères et ne menacent personne. Pour finir, on pourrait voir – et j'ai le sentiment qu'on finira effectivement par voir –, s'imposer le principe d'une citoyenneté commune, mais nous pouvons nous permettre de laisser cette perspective au destin, dont la main tendue est déjà clairement perceptible pour beaucoup d'entre nous[39]. »

Discours à l'Albert Hall, 21 avril 1948 :

« Nous pouvons effectivement nous demander comment il se fait que le capitalisme et la libre entreprise permettent aux États-Unis, non seulement de maintenir leur mode de vie en suppléant à leurs besoins vastes et variés, mais encore de fournir d'énormes sommes d'argent pour alléger le fardeau d'autres pays en détresse**. Et il ne faut pas s'imaginer, comme on pourrait le croire en lisant quelques journaux de gauche, que tous les Américains sont des multimillionnaires de Wall Street. Et quand bien même il en serait ainsi, ce ne serait pas une

---

* C'est la première fois que Churchill énonce ce concept de « *special relationship* », promis à un grand avenir dans les relations anglo-américaines.
** Une allusion transparente au Plan Marshall.

raison pour condamner un système qui a pu créer une telle prospérité matérielle[40]. »

Discours à New York, 25 mars 1949 :

« Il est certain que l'Europe aurait été communiste et que Londres aurait été bombardé depuis quelque temps déjà, si les États-Unis n'avaient pas disposé de l'arme de dissuasion atomique[41]. »

19 janvier 1952, le nouveau Premier ministre Churchill, de retour des États-Unis, confie à son médecin lord Moran :

« Cette visite aux États-Unis a été un pari, mais un pari réussi, je crois. Il y aura beaucoup de conséquences positives. Nous avons retrouvé de vieux amis et nous nous en sommes faits de nouveaux. J'aime énormément ce Truman[42]. »

À son épouse, 25 mai 1954 :

« J'ai eu de très bons entretiens avec Anthony [Eden*] et nos vues sont très proches sur les problèmes de Genève**, mais bien sûr, nous devons faire très attention de ne pas nous trouver contraints de rompre avec les Américains. Ils sont les seuls à pouvoir défendre le monde libre[43]. »

À son médecin, 5 juillet 1954 :

« Jusqu'en juillet 1944, l'Angleterre pouvait exercer une influence considérable sur les événements ; après cela, j'ai bien

---

* Redevenu ministre des Affaires étrangères.
** La conférence de Genève sur l'Indochine et la Corée, qui s'est ouverte le 26 avril 1954.

compris que c'était l'Amérique qui prenait les grandes décisions. Ce sera encore le cas à l'avenir. Nous ne nous rendons pas encore compte de son énorme puissance. [...] L'Angleterre serait isolée sans l'aide des Américains ; elle pourrait devenir, comme la France, un satellite de la Russie[44]. »

3 avril 1955, dernière lettre au président Eisenhower avant sa démission :

« Démissionner, ce n'est pas prendre sa retraite, et je ne suis nullement certain qu'il ne se présentera pas d'autres occasions de servir et de promouvoir les deux causes pour lesquelles nous avons tous deux œuvré pendant si longtemps : la fraternité anglo-américaine et l'endiguement de la menace communiste. À mon sens, ces deux causes sont identiques[45]. »

Chapitre XV

ROOSEVELT

En octobre 1933, Churchill envoie au nouveau président des États-Unis un exemplaire de la biographie de son ancêtre John Churchill, duc de Marlborough, avec la dédicace suivante :

« Avec mes souhaits les plus sincères de réussite pour la plus grande croisade des temps modernes*[1]. »

Ce même mois, le fils aîné de Roosevelt, James, est invité à dîner chez les Churchill, à Chartwell. Après le dîner, les convives participent à un jeu consistant à décrire leur vœu le plus cher. Vient le tour de Churchill :

« Je veux devenir Premier ministre, et être quotidiennement en communication téléphonique amicale avec le président des États-Unis. Ensemble, il n'y a rien que nous ne pourrions accomplir[2]. »

Décembre 1934, un article de Churchill sur Roosevelt :

« Les peuples se demandent toujours : "Pourquoi ces nouveaux pouvoirs que l'homme a arrachés à la nature n'ouvriraient-ils pas les portes d'une vie meilleure aux hommes et aux

* Le New Deal.

199

femmes du monde entier ?" […] Un homme seul, que le hasard, le destin ou la Providence a placé à la tête de cent vingt millions de citoyens actifs, éduqués, émotifs et tourmentés, s'est engagé dans cette prodigieuse aventure. Beaucoup de gens doutent qu'il réussisse ; certains espèrent qu'il échouera. Mais bien que les politiques du président Roosevelt soient conçues à bien des égards en fonction d'intérêts purement américains, le courage, la puissance et l'ampleur de son effort ne peuvent que susciter l'ardente sympathie de tous les pays, et son succès ne pourrait manquer de faire avancer le monde vers la lumière d'une ère plus clémente et plus prospère[3]. »

9 février 1939, entre la crise de Munich et celle de Prague :

« La remarquable initiative du président Roosevelt, […] qui a fait savoir officiellement que l'Amérique accorderait non seulement un soutien moral, mais encore une aide matérielle en armement et en approvisionnement aux démocraties occidentales en cas d'agression non provoquée, constitue une puissante force de stabilisation. Il se pourrait que la paix en Europe soit préservée grâce à cette politique clairvoyante et courageuse[4]. »

5 octobre 1939, un mois après sa prise de fonctions, le Premier lord de l'Amirauté Churchill au président Roosevelt :

« Nous souhaitons vous aider de toutes les manières possibles à empêcher la guerre de s'étendre au continent américain[5]. »

Le Premier ministre Churchill, de retour de France, au président Roosevelt, 15 juin 1940 :

« Je comprends parfaitement vos difficultés avec l'opinion publique américaine et le Congrès, mais la situation se dégrade à une vitesse telle que l'opinion publique ne pourra plus les maîtriser lorsqu'enfin elle aura mûri. [...] C'est un moment suprêmement critique pour la France. Elle pourrait encore être sauvée par une déclaration des États-Unis selon laquelle ils entreraient en guerre si nécessaire. À défaut de cela, la résistance française pourrait s'effondrer dans quelques jours, en nous laissant seuls face à l'ennemi[6]. »

(Roosevelt ne peut faire la déclaration demandée, la résistance française s'effondre et la Grande-Bretagne reste seule face au rouleau compresseur nazi. Mais une correspondance presque quotidienne se poursuit entre Churchill et Roosevelt, et l'aide matérielle américaine renforce considérablement la Grande-Bretagne au cours des mois critiques de l'été 1940*.)

Mais le paiement de cette aide dépasse rapidement les ressources de la Grande-Bretagne, qui se trouve bientôt guettée par la ruine économique autant que par l'anéantissement militaire. Fort de ses relations de confiance avec le président et de son remarquable pouvoir de persuasion, Churchill va exécuter l'un de ces tours de force épistolaires qui changent le cours de l'histoire. Lettre à Roosevelt du 7 décembre 1940 :

« Je soumets respectueusement à votre amicale considération la proposition selon laquelle il existe une solide identité d'intérêts entre l'Empire britannique et les États-Unis, [...] et je me vois contraint de vous exposer les différentes façons dont les États-Unis pourraient apporter une aide décisive à ce qui est, par certains côtés, notre cause commune. [...] Le moment approche où nous ne serons plus en état de payer comptant les bateaux et autres approvisionnements [...]. Je pense que vous conviendrez qu'il serait mal venu par principe, et mutuellement désavanta-

---

* Un million de fusils, cinq cents canons et cinquante destroyers... pour commencer.

geux, qu'au point culminant de cette lutte, la Grande-Bretagne doive se défaire de tous ses actifs vendables, de sorte qu'après avoir remporté la victoire avec notre sang, sauvegardé la civilisation et donné aux États-Unis le temps nécessaire pour s'armer et faire face à toute éventualité, nous nous retrouvions entièrement dépouillés. Voilà qui ne serait ni dans l'intérêt moral, ni dans l'intérêt matériel de nos deux pays. [...] Soyez assuré que nous sommes prêts aux souffrances et aux sacrifices ultimes dans l'intérêt de la Cause, et que nous nous faisons gloire d'en être les champions. Pour le reste, nous nous reposons avec confiance sur vous et votre peuple, assurés que l'on pourra trouver des voies et des moyens propres à susciter l'approbation et l'admiration des générations futures de part et d'autre de l'Atlantique. Si, comme je le pense, vous êtes convaincu, Monsieur le Président, que la défaite de la tyrannie nazie et fasciste est une affaire suprêmement importante pour les États-Unis et l'hémisphère occidental, vous voudrez bien considérer cette lettre, non comme un appel à l'aide, mais comme l'énoncé des mesures minimales nécessaires à l'accomplissement de notre tâche commune[7]. »

(L'appel sera entendu, et Roosevelt fera voter la loi prêt-bail au début de mars 1941*...)

Le 7 août 1941, à bord du cuirassé Prince of Wales qui l'amène à Terre-Neuve pour une première conférence en tête-à-tête avec le président Roosevelt, Churchill déclare à Averell Harriman :

« Je me demande si le président va m'aimer**[8]. »

---

* Aux termes de cette loi, le président est autorisé à « vendre, transmettre, échanger, louer, prêter ou céder de toute autre manière des matériels militaires à tout pays dont la défense est considérée par le président comme vitale pour celle des États-Unis ». Bien des pays alliés en bénéficieront, à commencer par la Grande-Bretagne, l'Union soviétique… et la France libre.

** Commentaire de Harry Hopkins, qui était également du voyage : « On aurait dit que Winston montait au ciel à la rencontre du Bon Dieu. »

Mais Roosevelt ne confond jamais les sentiments et la politique, de sorte que Churchill revient de Terre-Neuve plutôt déçu, même s'il n'en laisse rien paraître publiquement. Ses doutes transparaissent malgré tout dans cette lettre à son fils Randolph du 29 août 1941 :

« Ma rencontre de Terre-Neuve avec le président à été intéressante et nullement infructueuse. Pendant ces trois jours où nous avons été continuellement ensemble, j'ai eu l'impression d'avoir établi avec lui un contact amical très profond. D'un autre côté, il est troublant de ne pas savoir comment sortir de l'impasse pour faire entrer les États-Unis résolument et honorablement dans la guerre. Les Américains ont ce sentiment très dangereux qu'ils n'ont plus besoin de s'inquiéter et que tout ira bien. […] Pour beaucoup de ses admirateurs, le président, en dépit de son cœur chaleureux et de ses bonnes intentions, a la réputation de suivre son opinion publique plutôt que de la conduire et de l'éduquer. Malgré tout, je rends grâce à Dieu que ce soit lui qui occupe la fonction[9]. »

Au Cabinet de guerre, 12 novembre 1941 :

« Je ferais une grave erreur en incitant le président à agir en se coupant de l'opinion publique américaine[10]. »

Moins d'un mois plus tard, les États-Unis entrent en guerre, à la suite de l'attaque japonaise de Pearl Harbor. Churchill à Roosevelt, 9 décembre 1941 :

« À présent que nous sommes "dans le même bateau", comme vous dites, ne serait-il pas bon que nous organisions une nouvelle conférence ? Nous pourrions examiner l'ensemble du plan de guerre à la lumière des nouvelles réalités, de même que les problèmes de production et d'approvisionnement. Il me semble que toutes ces questions, dont certaines me préoccupent fort, ne peuvent être bien réglées qu'au plus haut niveau. Ce serait également un très grand plaisir de vous rencontrer à nouveau, et le plus tôt sera le mieux[11]. »

14 septembre 1942, Churchill à Averell Harriman, qui lui fait savoir que le président conçoit l'opération « Torch » de débarquement en Afrique du Nord comme une entreprise essentiellement américaine, sans trop d'interférences de la part des Britanniques :

« Je suis le loyal second du président[12]. »

25 janvier 1943. À l'issue de la conférence d'Anfa, le président s'envole pour les États-Unis. Churchill, qui a tenu à l'accompagner jusqu'au terrain d'aviation, confie au vice-consul Kenneth Pendar en regardant l'avion s'éloigner :

« Si quelque chose arrivait à cet homme, je ne pourrais le supporter. C'est le plus fidèle des amis ; c'est le plus clairvoyant ; c'est le plus grand homme que j'aie jamais connu[13]. »

Circulaire secrète à l'intention de la presse britannique, signée Churchill, 12 juin 1943 :

« De Gaulle s'est efforcé d'assumer la direction du nouveau comité*. S'il devait y réussir, il ne manquerait pas de se heurter gravement aux États-Unis. Il nous faut prendre garde que ces

---

* Le Comité français de la libération nationale, constitué à Alger dix jours plus tôt.

divergences ne s'étendent aux relations entre la Grande-Bretagne et les États-Unis. Le président, qui est l'ami le meilleur et le plus sincère que la Grande-Bretagne et l'Europe aient jamais eu, a des opinions bien arrêtées sur la question *[14]. »

29 novembre 1943 ; à la conférence de Téhéran, Roosevelt s'entretient en tête-à-tête avec Staline, mais lorsque Churchill envoie au président une note pour lui proposer un déjeuner à deux, Roosevelt refuse, pour ne pas donner à Staline l'impression que les Américains et les Britanniques complotent contre lui. Churchill est très déçu et murmure à lord Moran :

« Cela ne lui ressemble pas [15]… »

Lord Moran ayant demandé si Roosevelt avait pris une part active aux entretiens à trois avec Staline, Churchill hésite, puis répond :

« Harry Hopkins a dit que le président s'était montré inepte. On lui a posé beaucoup de questions et il n'a donné que de mauvaises réponses [16]. »

Au général de Gaulle, 12 janvier 1944 :

« Regardez-moi ! Je suis le chef d'une nation forte et invaincue. Et pourtant, tous les matins au réveil, je commence par me demander comment plaire au président Roosevelt, et ensuite comment me concilier le maréchal Staline [17]. »

---

* La première d'entre elles portant sur la nécessité de se débarrasser du général de Gaulle…

11 août 1944, Churchill au secrétaire américain du Trésor Morgenthau, en visite à Londres :

« Le seul fait d'entendre le président crier joyeusement "Hello !", c'est comme boire une bouteille de champagne[18]. »

Au général de Gaulle, 12 novembre 1944 :

« J'ai noué avec Roosevelt des relations personnelles étroites*. Avec lui, je procède par suggestions, afin de diriger les choses dans le sens voulu[19]. »

11 février 1945. À la conférence de Yalta, où tant de questions cruciales sont abordées avec Staline, le président Roosevelt a de longs passages à vide, pendant lesquels il regarde au loin en gardant la bouche ouverte. Churchill à son médecin :

« Le président se conduit très mal. Il ne veut pas s'intéresser à ce que nous essayons de faire[20]. »

15 février 1945, déjeuner avec Roosevelt à bord du croiseur Quincy, au large d'Alexandrie :

« Le président semblait frêle et serein. Il m'a fait l'impression de n'avoir plus qu'un contact ténu avec la vie. Nous nous sommes séparés avec bien des témoignages d'affection. Je ne devais plus le revoir[21]. »

---

* Churchill a toujours pensé que les liens d'amitié qui l'unissaient à Roosevelt étaient réciproques. En réalité, le président considérait Churchill comme un impérialiste antédiluvien, dont il se méfiait au plus haut point et qu'il jalousait dans une large mesure.

Télégramme à Roosevelt, 17 mars 1945 :

« Notre amitié est le roc sur lequel je bâtis pour assurer l'avenir du monde[22]. »

Churchill à son épouse, 6 avril 1945 :

« Le président m'a envoyé plusieurs messages par l'intermédiaire de Baruch ; maintenant que Harry [Hopkins] est malade et que Byrnes* a démissionné, mon pauvre ami est bien seul, et d'après toutes les informations que je reçois, il a perdu une bonne partie de sa vigueur. Beaucoup des télégrammes que je reçois de lui ont manifestement été écrits par son entourage[23]. »

Six jours plus tard, Franklin Roosevelt meurt d'une congestion cérébrale dans sa résidence de Warm Springs, en Géorgie. Informé le lendemain matin, Churchill fond en larmes et murmure à son garde du corps :

« Personne ne se rend compte de ce qu'il a fait pour notre pays et pour le monde. Il nous a apporté une aide inestimable au moment où nous en avions le plus besoin. […] Je viens de perdre un grand ami[24]. »

---

* James F. Byrnes, directeur de l'office de mobilisation industrielle depuis 1943. Il a joué un rôle essentiel dans l'effort de guerre américain, et sera ensuite le secrétaire d'État du président Truman jusqu'en 1947.

Chapitre XVI

L'ALCOOL

Durant la campagne de 1897 à Malakand, aux confins nord-ouest de l'Inde, le jeune sous-lieutenant Churchill souffre des rigueurs du climat :

« Jusque-là, je n'avais jamais pu boire de whisky ; je détestais cordialement son goût, et je ne pouvais comprendre pourquoi tous mes confrères officiers demandaient si souvent du *whisky and soda*. J'aimais le vin rouge et le vin blanc, et particulièrement le champagne ; dans les occasions très spéciales, je pouvais même boire un petit verre de cognac. Mais ce whisky au goût de fumée, je n'avais jamais pu m'y faire. Seulement, voilà que je me trouvai sous une terrible chaleur pendant cinq jours entiers, sans rien à boire excepté du thé, de l'eau tiède, de l'eau tiède avec du jus de citron vert, ou de l'eau tiède avec du whisky. […] Voulant me mettre en forme pour participer au service actif, je décidai de surmonter les faiblesses ordinaires de la chair, et à la fin de ces cinq jours, j'avais entièrement conquis ma répugnance pour le goût du whisky… Et jusqu'à ce jour, bien qu'ayant toujours pratiqué une tempérance exemplaire, je n'ai jamais refusé, lorsque l'occasion l'exigeait, le principal rafraîchissement de l'officier blanc en Orient[1]. »

Une tempérance exemplaire :

« De par mon éducation, j'ai toujours eu le plus grand mépris pour les gens qui se saoûlaient – excepté dans des circonstances très exceptionnelles et à l'occasion de quelques anniversaires*[2]. »

Considérations d'un jeune expert sur la valeur thérapeutique du champagne :

« L'imagination s'en trouve agréablement stimulée. L'esprit s'assouplit. Évidemment, une bouteille entière produit l'effet inverse ; l'excès induit une léthargie comateuse. Ainsi en va-t-il de la guerre. Et pour l'un comme pour l'autre, c'est en dégustant que l'on apprécie le mieux[3]. »

Mai 1900 ; sur le chemin de Pretoria avec les troupes du général Hamilton, le lieutenant de cavalerie Churchill est suivi partout d'un chariot attelé :

« Mon chariot avait un faux plancher, sous lequel reposaient 60 centimètres des meilleurs conserves et spiritueux** que Londres pouvait fournir[4]. »

Flandres, 1916 ; invité à s'établir au QG du bataillon, moins vulnérable aux tirs ennemis, le lieutenant-colonel Churchill sol-

---

* Ce n'est pas un trait d'humour : en dépit des effarantes quantités ingurgitées, Churchill n'a *jamais* été vu en état d'ivresse – sans doute un cas unique dans l'histoire médicale. La tempérance est évidemment une autre affaire…

** Un inventaire non exhaustif : trente-deux bouteilles de vin d'Ay sec 1877, dix-huit de Saint-Émilion, dix de vieux scotch, douze de cordial au citron vert, six de porto blanc, six de vermouth français et six de très vieille eau-de-vie 1886.

licite au contraire la faveur d'emménager dans une tranchée de
première ligne :

« Je dois reconnaître que mes motivations […] avaient de quoi
surprendre. C'est que toute consommation d'alcool était inter-
dite au QG du bataillon ; on ne pouvait y boire que du thé fort
avec du lait condensé – une boisson particulièrement répugnante.
Dans les tranchées, par contre, on était nettement plus souple[5]. »

(Voilà comment on fait les héros…)

Le ministre des Finances Churchill défend son budget aux
Communes, 28 avril 1925 :

« J'ai pour mission de fortifier le Trésor public et, avec la
permission de l'Assemblée, c'est ce que je me propose de faire
sans tarder[6] ! »

(Sur quoi il se verse un grand verre de whisky, et le vide d'un trait.)

À un journaliste du New York Times *au sujet de la prohi-*
bition, 8 septembre 1929 :

« Nous gagnons cent millions de livres par an grâce aux taxes
sur l'alcool. Je crois comprendre que c'est à peu près la somme
que vous donnez à vos *bootleggers*[7]. »

À son épouse, 30 décembre 1935 :

« Lord Rothermere m'a proposé 2 000 £* si je renonçais à
l'alcool pendant toute l'année 1936. J'ai refusé, car il me semble
que dès lors, la vie ne vaudrait pas la peine d'être vécue[8]. »

---

* Soit environ 100 000 £ d'aujourd'hui.

3 septembre 1939, premier jour de la guerre. La sirène d'alerte retentit. Churchill :

« Nous nous sommes dirigés vers l'abri qui nous était assigné, armés d'une bouteille de cognac et autres réconforts médicaux appropriés. »

2 juillet 1940 ; le général Montgomery au Premier ministre Churchill :

« Je ne bois pas, je ne fume pas, et je suis en forme à cent pour cent ! »

À quoi Churchill répond :

« Moi, je bois, je fume, et je suis en forme à deux cent pour cent[9] ! »

31 août 1940, lors d'un déjeuner offert par Churchill aux officiers du service de planification :

« Du fait de l'importance des décisions que vous avez à prendre, vous ne pouvez-vous permettre de boire plus d'un verre de cognac… Mais dans mon cas, c'est différent : je n'ai rien d'autre à faire que d'endosser la responsabilité des décisions prises[10] ! »

(Sur quoi, naturellement, il se verse un autre verre.)

Au capitaine Mountbatten, décembre 1940 :

« Le champagne est nécessaire en cas de défaite, et obligatoire en cas de victoire[11] ! »

Février 1941, au général sir John Kennedy, qui ne boit que de l'eau :

« Ah, vous êtes un de ces abstinents, hein ? Eh bien moi, je peux vous dire que ma vie durant, j'ai toujours été aidé au plus haut point par l'alcool[12]… »

Août 1941 : dans un train à destination de Southampton, Churchill demande au professeur Lindemann, son conseiller scientifique, de calculer combien il a pu boire de champagne durant les vingt-quatre années précédentes, à raison d'une pinte* par jour. Le professeur, ayant fait ses calculs, annonce que le total permettrait de remplir la majeure partie du compartiment qu'ils occupent. Churchill :

« Je suis très déçu. J'espérais remplir plusieurs compartiments[13] ! »

12 septembre 1941 : Churchill va inspecter la 615ᵉ escadrille de chasseurs sur l'aérodrome de Manston. Les pilotes ont fait des prodiges pour réunir de quoi lui offrir du thé et des gâteaux, en dépit des restrictions. Lorsque Churchill entre dans le mess, un officier lui montre fièrement la table richement garnie, et lui dit : « Voudriez-vous une tasse de thé, Monsieur le Premier ministre ? ». Churchill :

---

* 0,568 litre pour la mesure anglaise.

«Grands Dieux, non! C'est ma femme qui boit ça... Pour moi, ce sera un cognac[14]!»

Février 1942, au maréchal Smuts, qui lui a apporté une bouteille de cognac sud-africain:

«Il est excellent, mon cher... Mais ce n'est pas du cognac[15]!»

Staline à Churchill, au petit matin du 16 août 1942, après des heures passées en dures négociations:

«Pourquoi ne viendriez-vous pas à mon appartement du Kremlin pour boire quelques verres?»

Churchill: «Par principe, je suis toujours en faveur d'une telle politique[16]!»

Au général Giraud à la conférence d'Anfa, 17 janvier 1943:

«Comme je suis content de vous revoir! [...] Vous n'avez pas changé.
– Vous non plus, Monsieur le Premier ministre...
– C'est vrai, je suis solide. Et cependant c'est dur. Mais le whisky conserve. Vous prenez un whisky[17]?»

Au sommelier Alonzo Fields, Maison-Blanche, Washington, mai 1943:

«Un peu plus à boire! Voyez-vous, j'ai une guerre à mener, et il me faut un supplément de courage pour la bataille[18].»

1ᵉʳ novembre 1944, au retour de Moscou, Churchill à sa vieille amie Violet Bonham Carter :

« L'hospitalité russe ne m'a pas fatigué, et je n'ai pas bu plus que d'habitude : ils utilisent des "verres de prestidigitateurs", qui ne sont qu'à moitié pleins[19]. »

À cette même amie, date indéterminée :

« J'ai toujours dû gagner chaque sou que je possède, mais il n'y a jamais eu un jour de ma vie où je ne pouvais me commander une bouteille de champagne, et en offrir une autre à un ami[20]. »

Au retour de Yalta, Churchill fait escale au Caire. Le 17 février 1945, il invite le roi Ibn Saoud à l'Hôtel du Lac de l'oasis de Fayoum, où doit se tenir le banquet :

« J'avais été informé du fait que ni le tabac ni l'alcool n'étaient tolérés en présence du roi. Comme j'étais l'hôte à cette occasion, j'ai soulevé la question d'emblée, et j'ai déclaré à l'interprète que si la religion de Sa Majesté l'obligeait à se priver de tabac et d'alcool, ma propre règle de vie me prescrivait le rite absolument sacré de fumer des cigares et de boire de l'alcool avant, après et pendant tous les repas – ainsi que durant les intervalles entre ces repas[21]. »

Le Premier ministre Churchill au ministre de l'Agriculture, 3 avril 1945 :

« Vous ne devez en aucun cas réduire l'approvisionnement d'orge pour le whisky. Il faut des années pour qu'il vieillisse, et son exportation est une précieuse source de revenus en dollars. Eu égard à toutes nos autres difficultés à l'exportation, il serait malavisé de se départir de cet élément caractéristique de la supériorité britannique[22]. »

À lord Boothby, août 1948 :

« Je trouve que l'alcool est un grand soutien dans l'existence[23]. »

À son ami Max Beaverbrook, 1951 :

« Allez, Max, prends du vin : le porto est le frère du fromage… »

Beaverbrook : « Oui, et la sœur de la goutte[24] ! »

Au roi George VI, 31 janvier 1952 :

« Quand j'étais plus jeune, j'avais pour règle de ne jamais boire d'alcool fort avant le déjeuner. À présent, ma règle est de ne jamais en boire avant le petit-déjeuner[25]. »

(À l'évidence, Churchill ne considère pas le champagne comme un alcool fort.)

25 juillet 1953. À son médecin lord Moran, qui l'avait averti que l'alcool était nuisible à sa santé :

« Charles, j'essaie de boire moins… J'ai déjà arrêté de boire du cognac – et je l'ai remplacé par du cointreau[26] ! »

Chapitre XVII

L'HUMOUR

Décisions cruciales. Non daté :

« C'est à Blenheim que j'ai pris deux décisions très importantes : celle de naître et celle de me marier. J'en suis fort satisfait dans les deux cas[1]. »

Des politiciens, 1902 :

« Un bon politicien doit pouvoir prédire ce qui arrivera demain, la semaine prochaine, le mois prochain et l'année suivante ; après quoi il doit encore pouvoir expliquer pourquoi rien de tout cela ne s'est produit[2]. »

Lady Astor : « Monsieur Churchill, si j'étais votre femme, je verserais du poison dans votre café… »

Churchill : « Et moi, Madame, si j'étais votre mari, je le boirais[3] ! »

À la Chambre des communes, 27 novembre 1914 :

« À chaque période de ma vie, j'ai tiré le plus grand bénéfice des critiques qui m'étaient adressées… et je n'ai pas le souvenir d'un seul moment où j'en ai manqué[4] ! »

Depuis le front près du saillant d'Ypres, lettre à son épouse, 25 février 1918 :

« Sur le chemin du retour, nous sommes passés près de l'asile d'aliénés, réduit en poussière par les gens normaux du dehors[5] ! »

À ceux qui l'accusent d'être responsable de l'intervention britannique dans la guerre civile en Russie, mars 1921 :

« J'ai l'habitude d'être accusé de tout et de n'importe quoi. Tenez, lorsque j'étais Premier lord de l'Amirauté, dès qu'un navire était coulé, c'était moi qui l'avais coulé – sauf naturellement si c'était un navire ennemi[6] ! »

Au Parlement, novembre 1937 :

« J'ai cru comprendre que nous n'avons rien fait en matière de défense aérienne, par peur d'effrayer la population. Eh bien ! Il vaut beaucoup mieux être effrayé maintenant que tué plus tard[7] ! »

Un député : « Monsieur Churchill serait-il en train de dormir pendant que je parle ? »

Churchill : « Si seulement[8] ! »

Un journaliste : « Quel est le secret de votre bonne santé ? »

Churchill : « C'est le sport… Je n'en fais jamais* ! »

29 avril 1931, à la Chambre des communes :

« Nous connaissons tous l'histoire du docteur Guillotin qui a été exécuté par l'instrument qu'il avait lui-même inventé… »

Interruption : « Il ne l'a pas été** ! »

Churchill : « Eh bien, il aurait dû l'être[9] ! »

Question : « Monsieur Churchill, pourquoi peignez-vous seulement des paysages, et jamais des portraits ? »

Churchill : « Parce qu'un arbre ne se plaint jamais d'avoir été mal peint[10] ! »

En 1932, à lord Halifax, qui demandait à Churchill de recevoir une délégation d'Indiens, « ce qui lui permettrait de réviser ses opinions sur l'Inde, qui étaient celles d'un officier subalterne de la fin du XIXᵉ siècle » :

« Je suis parfaitement satisfait de mes opinions sur l'Inde, et je ne veux pas les voir déranger par quelques foutus Indiens[11] ! »

À l'auteur dramatique George Bernard Shaw, qui lui avait envoyé deux billets pour la première de sa prochaine pièce,

---

* Cette réplique très connue était en fait une boutade, car Churchill a été successivement champion de natation, d'escrime, d'équitation, de *steeplechase*, de polo, de tir au pistolet et de tir à la carabine. Il jouait encore au polo à l'âge de cinquante-sept ans…

** C'est exact : le docteur Joseph Guillotin est mort dans son lit vingt ans après la Terreur.

accompagnés de ces simples mots : « Voici un billet pour vous, et un autre pour un ami – si vous en avez un... » :

« Ayant déjà contracté d'autres engagements, je regrette de ne pouvoir assister à la Première de votre pièce. Merci de m'envoyer deux billets pour la représentation suivante – s'il y en a une [12]... »

Novembre 1935, peu après l'attaque de l'Éthiopie par l'Italie de Mussolini :

Question : « Ne pensez-vous pas qu'il serait grand temps que le lion britannique montre les dents ? »

Churchill : « Il faudrait d'abord qu'il aille chez le dentiste [13] ! »

Sur le Premier ministre Neville Chamberlain, ancien lord maire de Birmingham et grand initiateur de la politique d'apaisement :

« Il regardait les affaires du monde par le mauvais bout d'un collecteur municipal [14]. »

À son cousin lord Londonderry, autre apôtre de l'apaisement, qui demande à Churchill s'il a lu son dernier ouvrage, L'Allemagne et nous. *Churchill :*

« Non... Je ne lis que pour me distraire ou pour m'instruire [15] ! »

Octobre 1939. La guerre est déclarée depuis quarante jours, et le capitaine David Margesson, chef de la majorité conserva-

trice au Parlement, demande au Premier lord de l'Amirauté Churchill si sa famille serait en sécurité, au cas où elle reviendrait des États-Unis sur un navire américain. Churchill :

« Parfaitement en sécurité… Mais évidemment, il y a toujours le risque d'être torpillé ou miné[16]. »

Juillet 1940. Churchill est allé superviser à plusieurs reprises les travaux de protection de la cathédrale de Canterbury. Une fois satisfait des résultats, il vient informer l'archevêque du fait que sa cathédrale est désormais protégée contre tous les éclats de bombes pouvant tomber aux alentours. L'archevêque n'est pas rassuré pour autant :

« Mais que se passera-t-il si une bombe tombe directement sur la cathédrale ? »

Churchill : « En ce cas, Monseigneur, vous devrez considérer cela comme une sommation divine[17]… »

Octobre 1940. Le Premier ministre réconforte les habitants d'une maison de l'East End qui vient d'être dévastée. Au moment où il part, une feuille de papier s'envole des ruines. Churchill, en se retournant :

« J'espère que c'est la déclaration d'impôts[18] ! »

Octobre 1940. Churchill est informé du fait que la maison londonienne de Stanley Baldwin, premier chantre de l'apaisement, a été détruite par les bombardements allemands :

« Très ingrat de leur part[19] ! »

Aux Chequers, 2 novembre 1940, après avoir annoncé son intention de bombarder l'Italie :

« Il faudra faire attention de ne pas bombarder le pape : il a des amis influents[20] ! »

15 février 1941. Churchill proteste contre les épreuves sportives imposées aux officiers supérieurs de l'armée britannique :

« Je n'ai jamais entendu parler d'un grand athlète qui soit aussi un grand général. Il y a peut-être une exception dans l'armée italienne, où un général peut avoir besoin d'être un bon coureur[21]. »

8 décembre 1941, Churchill conclut la lettre de déclaration de guerre adressée à l'ambassadeur du Japon par ces mots : « En vous exprimant mes sentiments de haute considération, j'ai l'honneur d'être, Monsieur l'ambassadeur, votre dévoué serviteur. »

« D'aucuns se sont offusqués de ce style cérémonieux ; mais après tout, quand vous devez tuer quelqu'un, rien ne coûte d'être poli[22]. »

Médecine douce :

« J'emmenai également sir Charles Wilson, devenu en 1941 mon médecin personnel. [...] C'est à ses soins si dévoués que je dois probablement la vie. Même si je n'arrivais pas à le persuader de suivre mes conseils lorsqu'il était malade, et si lui-même ne pouvait pas toujours compter sur une docilité exemplaire de ma part, nous n'en sommes pas moins devenus d'excellents amis. Qui plus est, nous avons survécu tous les deux[23]. »

1er janvier 1942. Hôte de la Maison Blanche, Churchill sort de sa salle de bain en costume d'Adam et se trouve nez-à-nez avec le président Roosevelt. Sans se démonter, il proclame :

« L'Angleterre n'a rien à cacher[24] ! »

8 janvier 1942. Churchill se repose sur la plage de Palm Beach, en Floride. Il s'apprête à se baigner lorsqu'on l'informe qu'un requin de près de quatre mètres de long a été aperçu à quelques encâblures du rivage, mais qu'il s'agit d'un inoffensif requin pèlerin. Churchill :

« Je n'en suis pas si sûr. Je veux voir sa carte d'identité avant de me confier à ses bons soins[25] ! »

À lord Mountbatten :

« Les Romains m'ont volé mes meilleures citations… Et pour qu'on leur en reconnaisse éternellement la paternité, ils les ont écrites en latin[26] ! »

Le Premier ministre est informé du fait qu'un membre du gouvernement particulièrement désagréable ne pourra assister au Conseil des ministres, car il souffre d'une indisposition. Churchill :

« Mon Dieu ! J'espère qu'il n'a rien d'anodin[27] ! »

À son domestique, qui accourt en l'entendant vociférer dans sa baignoire :

« Ce n'est pas à vous que je parle, Norman, c'est à la Chambre des communes[28] ! »

Une députée, choquée : « Monsieur Churchill, vous êtes ivre ! »

Churchill : « Et vous, Madame, vous êtes laide… Et moi, demain, je serai sobre ! ».

Un député, en séance : « Je vois l'honorable Churchill hocher la tête pendant que je parle. Mais je lui ferais remarquer que je ne fais qu'exprimer mon opinion personnelle. »

Churchill : « Et moi, Monsieur, je ne fais que hocher ma tête personnelle. »

À un visiteur qui constate qu'un de ses petits-enfants a les mêmes traits que lui :

« Tous les bébés me ressemblent[29] ! »

Du règne animal :

« Les chiens vous regardent d'en bas, les chats vous regardent de haut, il n'y a que les cochons qui vous regardent droit dans les yeux*… »

---

* Churchill avait une tendresse particulière pour les cochons. Au bas des lettres à son épouse, sa signature était souvent suivie du dessin d'un cochon, de face ou de profil.

À un député travailliste qui l'apostrophe rudement à la Chambre des communes :

« L'honorable député voudrait-il beugler cela une nouvelle fois ? »

À un député qui l'interrompt constamment aux cris de « Menteur ! » :

« Si l'honorable député qui m'interrompt consentait à donner son nom plutôt que sa profession, je suis sûr que nous serions tous heureux de faire sa connaissance... »

Les forces alliées du général Slim, progressant en Birmanie, ont repris successivement aux Japonais les localités de Myitkyina, Thabeykkyn, Namkhan, Myitson et Meiktila. Le 17 mars 1945, elles s'emparent de Mandalay – une grande victoire que Churchill annonce aux Communes en ces termes :

« Dieu soit loué ! Nous avons enfin pris une ville dont le nom peut se prononcer[30]... »

1er mai 1945. L'Allemagne est pratiquement à genoux et Hitler vient de se suicider. Churchill aux Communes :

« Je n'ai pas de déclaration particulière à faire sur la situation militaire en Europe, sinon qu'elle est nettement plus satisfaisante qu'il y a cinq ans à la même époque[31]. »

Au sujet de Clement Attlee, son successeur au poste de Premier ministre :

« Un homme modeste, et qui a d'excellentes raisons de l'être... »

« Une voiture vide s'arrête devant Downing Street, et Clement Attlee en descend[32]... »

6 février 1946, à l'université de Miami, qui vient de lui conférer un doctorat honoris causa *:*

« Je suis surpris d'être devenu sur mes vieux jours si expérimenté dans l'art d'obtenir des diplômes, alors qu'en tant qu'écolier, j'étais pratiquement incapable de passer des examens. En fait, on pourrait presque dire que personne n'a jamais passé si peu d'examens et reçu autant de diplômes. De tout cela, un penseur superficiel pourrait déduire que le meilleur moyen de recevoir le maximum de diplômes est d'échouer au maximum d'examens[33]. »

À la Chambre des communes, 19 avril 1947 :

« Lorsque je suis à l'étranger, j'ai pour règle de ne jamais critiquer ou attaquer le gouvernement de mon pays... Je me rattrape à mon retour[34]. »

7 décembre 1947. En apprenant que le président Roosevelt avait dit de lui : « Churchill a cent idées par jour, dont quatre seulement sont bonnes... mais il ne sait jamais lesquelles ! » :

« Le président a eu tort de dire cela : lui, il n'en avait jamais[35] ! »

En octobre 1950, la Chambre des communes, bombardée pendant la guerre, a enfin été reconstruite. Certains éléments ont été modernisés, notamment l'éclairage, qui est maintenant au néon. Churchill, venu pour l'inauguration, entre dans le lobby et s'exclame :

« Grands Dieux, le métro de Moscou[36] ! »

Discours au Collège royal de Médecine, 10 juillet 1951 :

« Je vous remercie de m'avoir nommé membre honoraire du Collège royal de Médecine ; j'ai également eu l'honneur d'être nommé chirurgien honoraire il y a huit ans, et je peux donc maintenant pratiquer ces deux arts à titre honoraire. Toutefois, à moins qu'il y ait une pénurie très marquée de praticiens expérimentés dans ces deux professions, je n'ai pas l'intention de vous imposer mes services[37]. »

Janvier 1955. Churchill est informé de l'augmentation préoccupante du nombre de dames qui arpentent les trottoirs et monopolisent les portes cochères de Londres :

« À votre place, je ne m'inquiéterais pas trop : quand les affaires reprendront, elles seront toutes à l'étage[38]. »

À l'occasion de son 88ᵉ anniversaire, Churchill est photographié devant sa résidence londonienne du 28, Hyde Park Gate.

Le photographe : « J'espère, sir, que je pourrai prendre à nouveau votre photo pour votre centième anniversaire... »

Churchill : « Je ne vois pas ce qui vous en empêcherait, jeune homme... Vous me paraissez en assez bonne forme pour cela[39] ! »

En l'absence de son épouse, Churchill est informé du fait que sa cuisinière, souffrante, ne pourra venir ce jour-là :

« Bon, ça ne fait rien. Je peux me faire cuire un œuf, vous savez... Je l'ai déjà vu faire.[40] »

1958. Informé du fait que les Mémoires du maréchal Montgomery s'étaient révélés beaucoup plus rentables que son dernier ouvrage, A History of the English-Speaking Peoples, *Churchill répond :*

« Je n'en suis pas surpris ; le maréchal s'est montré digne de la meilleure tradition militaire britannique : il a vendu chèrement sa vie[41] ! »

En villégiature à Monte-Carlo en février 1958, Churchill lit dans un journal anglais ce gros titre : « Winston est mort ! » *Il s'agit en fait d'un cheval de l'écurie royale. Commentaire de l'homonyme :*

« Heureusement, moi, je n'ai que deux pattes[42] ! »

Chapitre XVIII

LES FEMMES

Première découverte, Hyderabad, 2 novembre 1896 :

« J'ai été présenté hier à Miss Pamela Plowden, qui habite ici. Je dois dire que c'est la plus belle fille que j'aie jamais vue[1]. »

*Note personnelle sur le vote des femmes, inscrite en marge d'un volume de l'*Annual Register, *autour de mars 1897 :*

« [Le vote des femmes] est contraire à la loi naturelle et à la pratique des États civilisés. [...] Si l'on donne le droit de vote aux femmes, il faut aussi leur permettre d'entrer au Parlement. [...] Je m'opposerai avec détermination à ce mouvement ridicule*[2]. »

(À vingt-deux ans, Churchill connaît aussi peu les femmes que les suffragettes...)

Un problème dont il est tout de même vaguement conscient ; s'étant mis en tête de rédiger un roman, il écrit à sa mère le 17 novembre 1897 :

---

* Celui des suffragettes.

« Il faut que tu m'aides pour le personnage féminin du roman. C'est ma principale difficulté[3]. »

Les difficultés persistent bien au-delà du roman. Lettre à Miss Pamela Plowden, 28 novembre 1898 :

« J'ai rencontré l'autre jour une jeune fille qui est, je crois, presque aussi intelligente et avisée que vous. J'ai manifestement eu le dessous dans une discussion avec elle sur un sujet purement philosophique. Je la classerai donc un peu au-dessus de Platon. Je me demande si j'ai éveillé votre curiosité[4]... »

(Les maladresses de ce genre se succèderont avec une régularité déconcertante.)

Le premier (et dernier) roman de Winston Churchill voit finalement le jour en 1900, sous le titre Savrola. *Le héros y est étincelant – winstonien même –, et l'héroïne aussi vaporeuse qu'effacée :*

« Et c'est ainsi qu'il la quitta, pour aller jouer une grande partie devant les yeux du monde entier, et lutter pour ces ambitions qui sont, à elles seules, ce que l'homme convoite le plus ; elle, elle n'était qu'une femme, seule et malheureuse, et elle ne pouvait qu'attendre[5]. »

(Lasse d'attendre, Miss Pamela Plowden, elle, finira par épouser lord Lytton.)

Devenu vice-ministre des Colonies dans le gouvernement libéral de Henry Campbell-Bannerman, Churchill s'engage à fond dans la campagne électorale de janvier 1906. Il doit parler *lors d'une grande réunion à Saint John's Schools, Manchester. Mais cette ville est le berceau du mouvement des suffragettes*, qui est particulièrement virulent à l'époque. Une militante très remontée, brandissant une pancarte, monte à la tribune au milieu des sifflets et des cris d'indignation :*

« J'aimerais demander à Monsieur Churchill si, en tant que membre du gouvernement libéral, il compte, oui ou non, donner le droit de vote aux femmes de ce pays ? » *(Interruptions, sifflets, cris de « On veut entendre Churchill ! »)*

Churchill : « Cette dame m'a posé une question ; elle en a parfaitement le droit. [...] Nous devons être équitables et chevaleresques envers les dames. Si nous devions les traiter comme des hommes... *(Rires)* C'est ce que je tiens particulièrement à éviter. Nous devons être courtois et chevaleresques envers le sexe faible, qui dépend de nous pour sa protection. *(Murmures d'approbation)* La seule fois où j'ai voté à la Chambre sur cette question, je l'ai fait en faveur du vote des femmes ; mais eu égard à leurs actions continuelles de perturbation des réunions publiques au cours de cette campagne électorale, je refuse absolument de prendre des engagements. *(Applaudissements, vivats)*[6]. »

Deux ans plus tard, le 22 avril 1908, alors que Churchill est de retour à Manchester pour une nouvelle campagne électorale, le problème est plus que jamais à l'ordre du jour :

Question : « Êtes-vous partisan du vote des femmes, et que ferez-vous pour contribuer à l'instaurer ? »

Churchill : « J'ai déjà fait connaître mon opinion sur cette affaire, à savoir que le droit des femmes à la représentation parle-

---

* Et le fief de la redoutable Mrs Emmeline Pankhurst, qui vient de fonder l'Union politique et sociale des femmes.

mentaire ne peut être contesté ni sur la base de la logique, ni sur celle de la justice. Je reconnais que l'on peut être découragé devant le comportement de certaines femmes – qui heureusement ne sont représentatives ni de l'intelligence, ni de la volonté, ni de la conduite de la grande majorité des suffragettes –, mais j'ai déjà dit que je me comptais parmi les amis de ce mouvement, et je prétends être pris au mot lorsque j'affirme que je ferai tout mon possible pour faire avancer les choses lorsque l'occasion s'en présentera[7]. »

À la même époque, Churchill rencontre la belle Clementine Hozier. Toujours aussi maladroit à trente-trois ans, il commence par lui demander son âge, puis s'enferme dans un lourd silence, et enfin ne parle... que de lui. Pourtant, la jeune Clementine ne se montre pas insensible au charme de ce galant peu ordinaire, et la cour se fera en grande partie par correspondance. Le 8 août 1908, Winston lui envoie un billet... pour lui parler de son cousin Sunny* :

« Il est très différent de moi, il comprend parfaitement les femmes, il sait communiquer d'emblée avec elles, [...] tandis que moi, je suis stupide et maladroit dans ce domaine.[8] »

(Comment résister à des arguments aussi persuasifs ? Les conseils de Madame Churchill mère et les interventions opportunes du cousin Sunny permettront de réparer les innombrables maladresses du prétendant, qui épousera finalement Clementine le 12 septembre 1908...)

Modeste conclusion de l'intéressé :

« Le fait d'avoir réussi à persuader ma femme de m'épouser a été mon plus haut fait d'armes[9]. »

---

* Charles, 9e duc de Marlborough.

La question du vote des femmes continue à occuper la scène politique. Mrs Pankhurst incite ses suffragettes à passer à l'action violente, et même à placer une bombe au domicile du chancelier de l'Échiquier Lloyd George*. Tout cela dessert considérablement le mouvement auprès de l'opinion publique, qui se détourne des suffragettes. Churchill, devenu ministre de la Marine, a bien d'autres priorités, et voudrait voir la question réglée d'une façon ou d'une autre. Lettre à un collègue du gouvernement, 18 décembre 1911 :

« Cette question du suffrage féminin nous conduit à une situation très dangereuse. […] La seule solution sûre et honnête est d'organiser un référendum – d'abord auprès des femmes pour savoir si elles en veulent, et ensuite auprès des hommes pour savoir s'ils sont prêts à l'accorder. Je suis tout à fait disposé à en respecter les résultats. Ce que je ne peux admettre, c'est la perspective de procéder à une réforme aussi radicale contre la volonté de l'opinion publique et par pure faiblesse. Alexandre le Grand a dit que les peuples asiatiques étaient des esclaves parce qu'ils ne savaient pas dire non. Tâchons d'éviter leur pusillanimité… et leur destin [10]. »

(Il n'y aura pas de référendum, mais la Grande Guerre changera les mentalités dans le pays, et le droit de vote sera accordé aux femmes britanniques dès 1918.)

11 avril 1941. Churchill se rend à Bristol, accompagné d'Averell Harriman et du général Ismay. Les habitants sortent en masses dans les rues pour l'acclamer, et Harriman chuchote au général Ismay que le Premier ministre semble être particu-

---

* Ce qui lui vaudra une condamnation à trois ans de prison.

lièrement populaire auprès des dames d'âge mûr. Churchill se retourne et proteste énergiquement :

« Humph, pas seulement les dames d'âge mûr... les jeunes aussi[11] ! »

Commentaire admiratif de Churchill sur Eleonore Roosevelt, 14 août 1943 :

« Elle a un moral d'acier et un cœur en or*[12]. »

À l'Albert Hall, Londres, 21 avril 1948 :

« Je dois avouer que l'attitude du gouvernement travailliste envers le travail des femmes me paraît être tout sauf galant. On nous dit que près de cinq millions de travailleurs, presque tous des hommes, ont vu leur temps de travail réduit de 3,5 heures l'année dernière. Il serait difficile de trouver cinq millions de femmes ayant bénéficié d'une semblable mesure. Alors que les hommes ont des horaires raccourcis, leurs femmes sont censées travailler encore plus longtemps... Et faire la queue devant les magasins en plus[13]. »

6 novembre 1950, à la Chambre des communes :

« Où commence la famille ? Elle commence avec un jeune homme qui tombe amoureux d'une jeune fille. On n'a encore rien trouvé de mieux à ce jour**[14] ! »

---

* Et un jugement passablement déficient, comme en témoigne cette déclaration péremptoire : « En tout cas, Staline ne sera jamais aussi dangereux que Churchill ! »

** La culture victorienne de Churchill ne lui permettait de concevoir aucune autre possibilité – et ceux qui en entrevoyaient une autre s'abstenaient soigneusement de l'ébruiter au début des années cinquante...

Une ardente féministe américaine à Churchill, avril 1952 :

« Quel devrait être selon vous le rôle de la femme à l'avenir ? »

Churchill : « Le même, je suppose, que depuis Adam et Ève[15]… »

Été 1959 ; l'illustre retraité Churchill, en villégiature sur la Côte d'Azur, est invité par un ami qui possède une villa à Monte-Carlo. Celui-ci invite en même temps une vieille connaissance du couple Churchill, Daisy Fellowes, héritière des machines à coudre Singer et redoutable commère devant l'Éternel. Peu après le début du déjeuner, Churchill s'assoupit et Daisy Fellowes dit à son hôte :

« Quelle pitié qu'un si grand homme achève son existence en compagnie d'Onassis et de Wendy Reves*… »

Churchill, ouvrant un œil : « Daisy, Wendy Reves a trois choses que vous n'aurez jamais : la jeunesse, la beauté et la bonté[16] ! »

(Et il se rendort…)

---

* Épouse de l'agent littéraire Emery Reves, elle s'occupait avec le plus grand dévouement de Churchill lors de ses séjours sur la Côte d'Azur.

Chapitre XIX

L'ÉLOQUENCE

Aux origines, 1896 :

« C'est seulement à l'hiver de 1896, vers la fin de ma vingt-deuxième année, que me vint le désir d'apprendre. [...] J'avais amassé un ample vocabulaire, et j'avais une attirance pour les mots, ainsi que pour la sensation que procurent ces mots qui s'assemblent et trouvent leur juste place comme les pièces d'un puzzle. Je me surprenais à utiliser bon nombre de mots que je n'aurais pu définir précisément. Tout en les admirant, je les employais avec réticence, de peur de me ridiculiser[1]. »

« L'échafaudage de la rhétorique » : un article écrit à Bangalore en 1897 et jamais publié :

« De tous les talents octroyés à l'homme, aucun n'est aussi précieux que le don d'éloquence. Celui qui en est doté exerce un pouvoir plus durable que celui d'un grand roi. C'est une force indépendante dans le monde. Même abandonné par son parti, trahi par ses amis, privé de ses fonctions, celui qui sait maîtriser cet art est toujours redoutable. Beaucoup ont été témoins de ses effets ; une assemblée de citoyens compassés, protégés par tout le cynisme de ces temps prosaïques, n'en est pas moins incapable de se soustraire à son influence. [...] L'art oratoire n'est ni entièrement inné, ni entièrement acquis : il se cultive. [...] L'orateur est réel, la rhétorique en partie artificielle. En partie, mais pas complètement, car bien des éléments qui paraissent acquis par l'étude sont en fait instinctifs. Si nous examinons à la lumière de l'histoire cet être étrange qu'est l'orateur, nous découvrons qu'il est par nature compatissant, sentimental et sérieux ; qu'il est souvent aussi aisément influencé par les autres que les autres le sont par lui. De fait, l'orateur est le réceptacle des passions de la foule ; avant qu'il ne puisse lui inspirer une émotion, il doit la ressentir lui-même. Pour convaincre, il doit croire… Tout orateur est persuadé de ce qu'il dit au moment où il le dit[2]. »

Lettre à sa mère sur son premier discours politique à Bradford, 15 juillet 1898 :

« Personnellement, j'ai été très satisfait de la soirée. L'ardeur de l'auditoire m'a aiguillonné, et bien que je ne me sois pas éloigné d'un iota du texte que j'avais préparé, j'ai manifestement réussi à les enthousiasmer et à les amuser. […] J'en conclus qu'avec de la pratique, je pourrai gagner un grand ascendant à la tribune. Mon défaut de prononciation n'est pas un obstacle*, ma voix est assez puissante et, ce qui est crucial, mes idées et mes façons de penser ont l'heur de plaire aux hommes[3]. »

Second discours au retour d'Égypte, Bath, 15 novembre 1898 :

« Puis vint mon tour. Prenant mon courage à deux mains, je commençai à dérouler mon discours. En suivant pas à pas, étape par étape, les voies soigneusement tracées à l'avance, je sentais que les choses allaient dans le bon sens. L'auditoire, qui s'étoffait progressivement, paraissait ravi. Il poussait des vivats à tous

---

* Churchill n'a jamais pu prononcer correctement la lettre « s », en dépit d'énormes efforts pendant sa jeunesse. Par la suite, il a fait de ce défaut une marque de reconnaissance, et s'en est parfaitement accomodé – ses auditeurs également…

les bons endroits [...] et même à des endroits que je n'avais pas prévus. À la fin, il y eut un tonnerre d'applaudissements qui dura un bon moment. Je pouvais donc y arriver après tout ! Et en plus, cela semblait très facile[4]. »

Lettre à sa mère, 16 mai 1898 :

« Ce qui m'importe, ce sont moins les principes dont je me fais l'avocat que l'impression produite par mes mots et la réputation qu'ils me donnent. Cela semble affreux, mais il faut tenir compte du fait que nous ne vivons pas à l'époque des grandes causes. Pour forcer un peu le trait, je dirais que je cède très souvent à la tentation de faire plier les réalités pour les adapter à mes phrases. Mais Macaulay est le plus grand contrevenant à cet égard*. Je pense que la sensation d'une grave nécessité ou d'une injustice flagrante me pousserait à la sincérité, mais je découvre rarement en moi une émotion sincère. [...] Dans la plupart des cas, c'est mon cerveau ou mon esprit qui dirige, et mon cœur y ajoute un peu d'émotion selon les besoins[5]. »

À son amie Pamela Plowden lors de la campagne électorale d'Oldham, 2 juillet 1899 :

« Je n'oublierai jamais la sensation que procurent ces grands halls pleins à craquer de gens enthousiastes. Discours après discours, réunion après réunion – jusqu'à trois ou même quatre par nuit. [...] Et je m'améliore à chaque fois – je ne me suis pratiquement jamais répété. J'ai l'impression que mes capacités oratoires se renforcent à chaque réunion, et c'est ce qui me consolera si les résultats sont défavorables, ce qui est à prévoir[6]. »

---

* Avec Gibbon, Macaulay est depuis toujours le grand modèle de Churchill en matière d'écriture et de style oratoire.

*(C'est effectivement ce qui va se produire à l'issue de cette pre-
mière campagne électorale. Mais Churchill n'en sera pas moins élu
dans cette même circonscription d'Oldham quinze mois plus tard,
après son retour triomphal d'Afrique du Sud...)*

*Février 1900. Ayant fait son entrée au Parlement, Churchill
prépare fiévreusement son premier discours de député :*

« Je passe sur tout le labeur que m'avait coûté la préparation
du discours, et sur tous mes efforts pour dissimuler ce travail de
préparation. Il me fallait essayer de prévoir la situation et d'avoir
en réserve un certain nombre de variantes pour faire face à toute
éventualité. J'arrivai donc avec un carquois rempli de flèches de
tailles et de modèles variés, dont j'espérais que certaines au
moins atteindraient leur cible[7]. »

*Le héros du roman Savrola a des vues manifestement chur-
chilliennes sur l'art oratoire :*

« Le discours qu'il devait prononcer... bah ! Il en avait fait
d'autres et il savait que l'on n'obtient jamais rien de bon sans
effort. Les hauts faits oratoires improvisés sur place n'existaient
que dans l'imagination du public, car les fleurs de la rhétorique
sont des plantes de serre[8]. »

*(C'est pourquoi Churchill, tout comme Savrola, prépare soigneuse-
ment ses discours, puis les apprend par cœur. Mais le 22 avril 1904,
lors d'une intervention au Parlement, il a soudainement un trou de
mémoire, et il se rasseoit brusquement, la tête dans les mains. À
partir de cette date, il viendra toujours aux Communes armé de notes
extrêmement détaillées.)*

20 décembre 1912, aux Communes, en réponse à lord Beresford, qui l'avait pris à partie :

« L'honorable lord peut être décrit comme un de ces orateurs dont on disait fort justement : "au moment où il se lève, il ne sait pas ce qu'il va dire ; au moment où il parle, il ne sait pas ce qu'il dit ; et lorsqu'il se rasseoit, il ne sait pas ce qu'il a dit"[9]. »

Le ministre des Colonies Churchill à son épouse, 10 février 1922 :

« L'avant-veille au soir, j'ai fait un discours en réponse au débat, et particulièrement à Oswald Mosley. J'avais décidé de ne pas le préparer du tout, alors je suis allé dîner [...], je suis revenu aux Communes trois quarts d'heure avant de parler, j'ai écouté ce qui se disait, et ensuite j'ai improvisé. Cela a vraiment été un grand succès : pas de tracas, pas de travail, et une expérience tout à fait agréable. Je crois pouvoir parler tout à fait librement, et je me propose de faire beaucoup moins usage de mes notes qu'auparavant[10]. »

Éloquence par métaphore filée, avril 1925 :

« Ce n'est pas aux vigoureux fantassins qu'il convient d'attribuer des faveurs et des récompenses supplémentaires. C'est vers les traînards, les affaiblis, les blessés, les vétérans, les veuves et les orphelins que doivent être dirigées les ambulances de l'aide nationale[11]. »

1932. Churchill ayant achevé son discours par une phrase particulièrement réussie, l'écrivain Harold Nicolson lui demande s'il vient de l'improviser. Churchill :

« Improviser ? Mon œil ! Je l'ai composée ce matin dans ma baignoire*[12]... »

---

* Son meilleur ami, F.E. Smith, dira de lui : « Winston a passé la plus grande partie de sa vie à écrire des discours improvisés. »

À la Chambre des communes, lors d'une attaque en règle de la politique de désarmement du Premier ministre Ramsay MacDonald, 23 mars 1933 :

« Je dirai peu de choses sur le style oratoire du Premier ministre ; nous le connaissons tous ici. Nous savons qu'il a ce don unique de faire entrer le minimum de pensée dans le maximum de verbiage [13]. »

Éloquence par allitération, 30 juillet 1934 :

« Même pour ce renforcement ténu, tardif, timoré, tâtonnant de nos forces aériennes, auquel le gouvernement s'est enfin décidé à procéder, le voilà censuré par l'ensemble des forces unies des partis travailliste et libéral [14]. »

À son épouse, 13 avril 1935 :

« Quel mystère que l'art de parler en public ! Tout bien considéré, il consiste à choisir trois ou quatre arguments absolument incontestables, et à les exprimer sur un ton qui se rapproche le plus possible de celui de la conversation. Apparemment, l'effet littéraire que je cherchais à produire depuis quarante ans ne vaut rien du tout [15] ! »

Éloquence par antiphrases ; débat sur la défense nationale, 12 novembre 1936 :

« Le Premier lord de l'Amirauté a dit : "Nous réexaminons constamment la question." Tout, nous a-t-il assuré, est entièrement fluide. Cela, j'en suis convaincu. Tout le monde voit bien

ce qui se passe : le gouvernement n'arrive pas à se décider [...].
Le voilà donc qui poursuit sa démarche singulière, décidé seulement à être indécis, résolu à l'irrésolution, solidement partisan
de la fluidité, puissamment ancré dans son impuissance[16]. »

*À un ami qui lui demande ce qu'il a dit lors d'un de ses
discours :*

« Oh, j'ai chanté ma chanson habituelle[17]... »

*15 juin 1940, après avoir dicté des télégrammes particuliè-
rement éloquents au président Roosevelt et aux Premiers
ministres des dominions :*

« Si les mots comptaient, nous gagnerions cette guerre à coup
sûr[18]... »

*À la Maison Blanche, 30 décembre 1941. Churchill, dans
son lit, apporte les dernières retouches au discours qu'il va prononcer devant le Congrès. Soudain, son secrétaire Leslie Rowan
fait irruption dans la chambre :*

« Vous rendez vous compte, Sir, que vous êtes attendu au
Congrès dans vingt minutes ? »

*Churchill bondit hors du lit, faisant voler les feuilles du dis-
cours dans toutes les directions. En disparaissant dans la salle de
bains, il crie au secrétaire :*

« Remettez toutes les pages dans l'ordre : ma vie en
dépend[19] ! »

À un assistant qui lui demande comment il fait pour prononcer autant de discours dans une journée :

« Ce n'est pas aussi difficile que vous pourriez le croire : j'ouvre la bouche pour parler et je la laisse continuer[20]. »

Allocution radiodiffusée depuis Québec, 31 août 1943. Churchill annonce la nomination au poste de commandant suprême pour l'Asie du Sud-Est de l'amiral lord Louis Mountbatten, qui n'a que quarante-trois ans. La façon dont le Premier ministre justifie cette décision est un modèle d'éloquence – et d'humour britannique :

« Il n'est pas fréquent, dans le monde moderne et dans le cadre de la profession militaire, qu'un homme aussi jeune atteigne une position aussi élevée. Mais si un officier qui a consacré sa vie à l'art militaire ne sait pas encore mener la guerre à quarante-trois ans, il y a peu de chances pour qu'il apprenne plus tard. En tant que chef des Opérations combinées, lord Louis a fait preuve de rares capacités d'organisation et d'initiative. Il est ce que j'oserai appeler – tant pis pour les puristes – un "triphibien complet", c'est-à-dire qu'il est également à son aise dans les trois éléments : la terre, l'air et l'eau, et il a également l'habitude du feu[21]... »

Sur le major Attlee, son successeur au poste de Premier ministre :

« Il y a des hommes qui, par la seule force de leur éloquence, peuvent faire passer une défaite pour une victoire ; mais le major Attlee est le seul qui soit capable de faire passer une victoire pour une défaite[22]. »

À lord Moran, 10 juillet 1953 :

« Je ne suis pas un orateur ; un orateur est spontané. La parole écrite – ah, c'est différent. [...] Toute ma vie, j'ai voulu être un maître du verbe – c'était mon unique ambition. Bien sûr, on apprend beaucoup de choses quand on a parlé pendant cinquante ans, et avec ma longue expérience, je ne crains plus de faire une déclaration aux Communes qui me mettra dans le pétrin [...]. Mais ça, ce n'est que de la compétence discursive. L'éloquence, c'est autre chose[23]. »

30 novembre 1954, à l'occasion de son quatre-vingtième anniversaire, discours devant les deux chambres du Parlement réunies à Westminster Hall :

« J'ai été heureux d'entendre M. Attlee décrire mes discours de guerre comme étant l'expression de la volonté, non seulement du Parlement, mais encore de la nation toute entière. Cette volonté était déterminée, implacable, et elle s'est avérée indomptable. C'est moi qui ai été appelé à l'exprimer, et j'ai pu trouver les mots justes parce que j'avais toujours gagné ma vie par la plume et le discours. C'est cette nation et ce peuple vivant aux quatre coins de la terre qui avait un cœur de lion. Moi, j'ai eu la chance d'être appelé à pousser le rugissement*[24]. »

---

* Filant la métaphore, Churchill avait poursuivi : « et j'espère avoir parfois suggéré au lion les bons endroits où planter ses griffes... »

Chapitre XX

L'HISTOIRE

Réminiscences :

« J'ai toujours aimé l'histoire à l'école. Mais on nous en imposait toujours les aspects les plus ternes, les plus secs, les plus comprimés[1]. »

À son frère Jack, depuis Hyderabad, 1897 :

« Quand tu entreras à l'université, tu devras, je crois, étudier l'histoire et l'économie – deux des branches les plus précieuses et les plus intéressantes de la connaissance humaine. Je pense que tu as la même attirance que moi pour la lecture des registres de notre glorieux passé. Lors d'un débat, une bonne connaissance de l'histoire est un carquois plein de flèches.[2] »

À son cousin Ivor Guest, 1899, après la publication de son livre The River War, *qui est très critique sur la façon dont la guerre a été menée au Soudan :*

« Je ne pense pas me faire beaucoup d'amis avec ce livre. […] Mais après tout, lorsqu'on écrit l'histoire, l'essentiel est d'être honnête[3]. »

Le ministre du Commerce Churchill au Premier ministre Asquith, 26 décembre 1908 :

« Je pense que nous devons établir ensemble des plans hardis pour les deux prochaines années. [...] Il me semble qu'il y a une politique sociale imposante à mettre en œuvre, qui laissera une marque durable sur notre histoire nationale[4]. »

Le Premier lord de l'Amirauté à Margot Asquith*, 10 janvier 1915 :

« Mon Dieu ! Ce sont des moments historiques que nous sommes en train de vivre. Tout ce que nous faisons et disons est passionnant – ce sera lu par un millier de générations, imaginez cela[5] ! »

À son secrétaire Masterton-Smith, 2 août 1915 :

« Je m'inquiète pour les Dardanelles, parce que ces trois semaines qu'il a fallu au nouveau Cabinet pour se décider ont permis aux Turcs d'amener de puissants renforts. L'histoire nous rendra strictement comptables de chaque jour d'indécision[6]. »

1922, réponse à l'historien lord Esher, qui avait publié une narration fantaisiste de son action à Anvers en 1914 :

« Il est extraordinaire que lord Esher se soit fourvoyé à ce point. [...] Nous devons en conclure qu'un amour incontrôlable

---

* Épouse du Premier ministre Herbert Asquith et mère de Violet, devenue Mrs. Bonham Carter.

de la fiction lui a interdit de l'abandonner au profit de la réalité. C'est un défaut chez un historien[7]. »

Le chancelier de l'Échiquier Churchill à l'un de ses conseillers au sujet de la politique financière, 6 avril 1926 :

« Je me rends bien compte des dangers de l'expérimentation dans ce domaine. Les océans de l'histoire sont jonchés de célèbres épaves[8]. »

Le député Churchill aux Communes, 2 mai 1935 :

« Lorsque la situation était encore gérable, elle a été négligée, et à présent qu'elle est devenue parfaitement incontrôlable, nous administrons trop tard les remèdes qui auraient pu entraîner la guérison. Il n'y a rien de neuf dans cette histoire ; elle est aussi ancienne que les livres sibyllins ; elle fait partie du long et lugubre registre de l'inutilité de l'expérience et de l'incorrigibilité avérée de l'espèce humaine : manque de prévoyance, refus d'agir quand l'action aurait été simple et efficace, manque de suite dans les idées, délibérations confuses, jusqu'à ce que l'urgence vienne frapper sa note discordante – tels sont les éléments qui concourent à l'inlassable bégaiement de l'histoire[9]. »

À la même tribune un an plus tard, 26 mars 1936 :

« Toute l'histoire du monde peut se résumer dans le fait que lorsque les nations sont fortes, elles ne sont pas toujours justes, et que lorsqu'elles souhaitent devenir justes, elles ont souvent cessé d'être fortes[10]. »

Au Premier ministre Baldwin lors d'un débat aux Communes, 6 juin 1936 :

« L'histoire dira que vous avez eu tort dans cette affaire... Et si j'en suis certain, c'est parce que c'est moi qui l'écrirai[11] ! »

À lord Linlithgow, 3 novembre 1937 :

« Arrivé à mon dernier tour de piste*, j'en suis venu à la conclusion qu'il faut toujours se reporter à l'histoire du passé, l'étudier et la méditer. C'est ainsi que l'on en saisit les grandes lignes. [...] Je suis sûr que la bonne solution est d'accumuler le plus de connaissances possible sur tout ce qui s'est produit dans le monde, puis d'agir au jour le jour exclusivement en fonction de la situation du moment[12]. »

16 mai 1940. Depuis Paris, le Premier ministre Churchill télégraphie à son Cabinet de guerre pour lui demander d'envoyer en France dix escadrilles de chasse supplémentaires :

« Notre position devant l'histoire ne serait pas bonne si nous rejetions la demande des Français et si leur défaite en résultait[13]. »

11 juin 1940. Après Dunkerque, il est prévu d'envoyer en France de nouveaux renforts de troupes britanniques, alors que la bataille est manifestement perdue. À Londres, les chefs d'état-major s'en inquiètent, et le général Ismay demande au Premier ministre :

---

* À soixante-deux ans, Churchill pense qu'il touche à la fin de ses jours.

« Faut-il vraiment se presser ? Ne pourrait-on retarder discrètement leur départ ? »

Churchill : « Certainement pas. L'histoire nous jugerait très sévèrement si nous devions faire une telle chose[14]. »

Août 1940. Au milieu d'un violent bombardement de Londres, son secrétaire John Martin lui dit qu'il aimerait bien survivre pour voir la fin de l'histoire :

Churchill : « Le scénario de l'histoire n'a pas de fin[15]. »

Allocution radiodiffusée, 11 septembre 1940, alors que l'on s'attend à un débarquement allemand sur les côtes de l'Angleterre :

« Nous devons considérer que la semaine qui vient est d'une importance cruciale pour notre histoire. Elle sera comparable à ces jours où la grande Armada approchait de la Manche, tandis que Drake achevait son jeu de boules ; à ces jours où il n'y avait plus que Nelson entre nous et la Grande Armée de Napoléon à Boulogne. Nous connaissons tout cela par nos livres d'histoire. Mais les événements actuels se déroulent sur une bien plus vaste échelle et sont bien plus gros de conséquences pour la vie et l'avenir du monde et de sa civilisation que ces glorieux jours de notre passé[16]. »

Aux Communes, 12 novembre 1940, à l'occasion du décès de Neville Chamberlain :

« L'histoire, avec sa lampe vacillante, avance en trébuchant sur les sentiers du passé, en tentant de reconstruire ses scènes, de raviver ses échos, et de rallumer avec ses pâles lueurs les passions des jours révolus[17]. »

26 janvier 1941, aux Chequers :

« Dans l'histoire, il n'y a qu'une seule certitude : l'homme n'apprend jamais[18]. »

Une journaliste : « Vous compterez parmi les grands hommes de l'histoire… »

Churchill : « Ça dépend de qui écrira l'histoire[19] ! »

Robert Boothby à Churchill, août 1948 :

« En tout cas, personne ne pourra nier que vous avez sauvé la Grande-Bretagne en 1940. »

Churchill : « Les historiens ont tendance à juger les Premiers ministres de guerre, moins par les victoires qui ont été remportées sous leur direction, que par les conséquences politiques qui en ont résulté. Et de ce point de vue, je ne suis pas sûr que mon action sera jugée très favorablement[20]. »

Au Royal College of Physicians, Londres, 2 mars 1944 :

« Plus vous regardez loin dans le passé, plus vous verrez loin dans l'avenir[21]. ».

Lettre à son petit-fils Winston, 9 février 1949 :

« Apprends tout ce que tu peux au sujet de l'histoire du passé ; c'est le seul moyen de tenter de deviner ce qui arrivera à l'avenir[22]. »

À la Cincinnati Society, 16 janvier 1952 :

« Alors que l'histoire déroule son ruban par des voies étranges et imprévisibles, nous avons peu de prise sur l'avenir et aucune sur le passé[23]. »

De la difficulté de faire l'histoire et de l'écrire en même temps ; le Premier ministre Churchill à son secrétaire Colville, 1er janvier 1953 :

« Comme Eisenhower a remporté l'élection, je vais devoir faire de larges coupes dans le volume VI de mes *Mémoires de Guerre*, et il me sera impossible de raconter l'histoire de l'abandon par les Américains de vastes portions de l'Europe* pour plaire aux Russes, et aussi celle de la méfiance avec laquelle ils ont accueilli à l'époque mes appels à la prudence[24]. »

11 juin 1954. Lettre à Anthony Eden, qui le presse de démissionner le mois suivant, afin que le gouvernement de son successeur puisse se faire connaître dans le pays avant les élections législatives :

« Je tiens absolument à vous donner la meilleure chance possible de vous préparer pour une élection à la fin de 1955, en asseyant fermement la réputation de votre gouvernement. Toutefois, il me faudra, pour pouvoir démissionner, offrir de plus amples raisons que cela à l'histoire et à la nation**[25]. »

---

* En 1945.
** Churchill quittera finalement ses fonctions au début d'avril 1955, peu après son quatre-vingtième anniversaire, en ayant confié à son entourage : « Il faut tout de même que je me décide : Anthony ne vivra pas éternellement ! »

Chapitre XXI

LA MORT

Été 1893. Lors d'une promenade en canot sur le lac Léman, Winston et un camarade décident de se baigner, pour s'apercevoir bientôt que le vent a emporté leur canot hors d'atteinte, et qu'ils sont bien trop loin du rivage pour rentrer par leurs propres moyens :

« Ce jour-là, je vis la mort d'aussi près que je crois l'avoir jamais vue. Elle nageait à nos côtés, nous murmurant à l'oreille de temps à autre, au milieu du vent qui se levait en poussant le canot hors d'atteinte[1]. »

Lettre à sa mère, Bangalore, 10 janvier 1898 :

« Après le Tirah et l'Égypte, je crois que je passerai de la guerre à la paix et à la politique… Si je m'en tire, bien sûr. Personnellement, je pense que ce sera le cas, mais il suffit de regarder la nature pour comprendre le peu de respect qu'elle a pour la vie – dont le caractère sacré est une conception purement humaine. Représente-toi un magnifique papillon : douze millions de poils sur les ailes, seize mille lentilles dans les yeux – une simple bouchée par un oiseau ! Il faut se rire du Destin – cela lui plaira peut-être[2]. »

Au capitaine Aylmer Haldane* depuis le Soudan, 11 août 1898 :

« Nous, la cavalerie, resterons à la hauteur du gros des forces avec dix escadrons le long des rives [du Nil], et il faut s'attendre à subir des pertes et à se couvrir de gloire. Nous verrons – vous certainement et moi probablement. Mais ce serait très fâcheux d'être tué, et j'espère éviter d'avoir à connaître la grande révélation pour le moment[3]. »

À sa mère, 24 août 1898 :

« Il se peut que je sois tué. Je ne le pense pas, mais si c'est le cas, il te faudra t'en remettre aux consolations de la philosophie, et songer à la totale insignifiance de tout être humain[4]. »

Savrola, le héros winstonien du roman de Churchill, 1900 :

« Il souhaitait l'immortalité, mais il envisageait l'anéantissement avec sang-froid. [...] Après tout, il serait peut-être tué lui-même... et tandis que cette pensée effleurait son esprit, il envisagea avec une étrange curiosité ce changement soudain qui lui vaudrait peut-être de connaître la grande "révélation". Cette réflexion atténua quelque peu le mécontentement qu'il avait ressenti devant les fins stériles de l'ambition humaine. Quand les notes de la vie ne sonnent pas juste à l'oreille, il convient de les comparer au diapason de la mort. Car c'est au moment où retentit ce timbre clair et menaçant que l'amour de la vie devient le plus précieux au cœur humain[5]. »

---

* Le capitaine Haldane avait été son supérieur et son mentor durant la campagne du Tirah l'année précédente.

1910. À son amie Violet Asquith, qui lui dit qu'elle préfére-rait être pendue plutôt que d'être condamnée à la prison à vie :

« Il ne faut jamais abandonner la vie. On peut se sortir de tout – sauf de la mort[6]. »

À Miss Airlie Hynes*, 7 décembre 1913 :

« Être tué sur le coup, sans crainte ni douleur, lorsqu'on est au service du pays, qu'on est heureux et que la vie est pleine de succès et d'espérance, ce n'est pas le sort le moins enviable[7]. »

À son frère Jack, 24 août 1914 :

« Personne ne sait jusqu'où cette grande aventure nous mènera tous. Si nous ne gagnons pas, je n'ai plus envie de vivre. Mais nous gagnerons[8]. »

17 juillet 1915, alors qu'il s'apprête à partir pour les Dardanelles, le chancelier du Duché de Lancastre Churchill écrit à son épouse :

« La mort n'est qu'un incident, et pas le plus important de ce qui nous arrive dans ce monde[9]. »

À son amie Violet Asquith, février 1915 :

« Être mort ou vivant, ce n'est pas aussi important qu'on le croit. L'absence totale d'ordonnancement ici-bas fait soupçon-

---

* Miss Hynes était la fiancée du capitaine Wildman-Lushington, le pilote instructeur de Churchill, mort cinq jours plus tôt lorsque son avion s'était écrasé sur le champ d'aviation d'Eastchurch.

ner la présence d'un plus grand ordonnancement dans l'au-delà[10]. »

À son épouse depuis les tranchées de la Somme, 17 mars 1916 :

« Crois-moi, si ma vie pouvait faire pencher la balance en notre faveur, je la donnerais sans rechigner[11]. »

À son épouse depuis le saillant d'Ypres, 23 février 1918 :

« Ici, la mort semble aussi ordinaire et aussi peu inquiétante que l'employé des pompes funèbres. Un événement tout à fait naturel, qui peut arriver à n'importe qui, n'importe quand[12]. »

New York, 13 décembre 1931, après avoir été renversé par une voiture :

« J'ai certainement souffert de toutes les douleurs, mentales et physiques, que l'on peut ressentir après un accident, ou, je suppose, après avoir reçu un éclat d'obus. Aucune souffrance n'est insupportable. On n'a ni le temps ni la force de s'apitoyer sur son sort. Si, à un quelconque moment dans cette longue série de sensations, un voile gris tirant progressivement sur le noir était venu recouvrir le sanctuaire, je n'aurais rien craint ni ressenti de plus[13]. »

Décembre 1936, après le suicide de son ami le diplomate Ralph Wigram, désespéré par le pacifisme écervelé des autorités britanniques face à la montée du péril hitlérien :

« Mon ami avait pris cela trop à cœur. Après tout, rien n'empêche de continuer à faire ce que l'on estime être son devoir, et de courir des risques de plus en plus grands, jusqu'à ce que l'on soit mis hors de combat[14]. »

À son épouse, 29 décembre 1938 :

« Je vois mourir beaucoup de gens que j'ai connus lorsque nous étions jeunes. Il est très étonnant d'atteindre la fin de sa vie* et de se sentir exactement comme il y a cinquante ans. Il faut toujours espérer une fin soudaine, avant le déclin de ses facultés[15]. »

Au sujet de la mort de son ancêtre le duc de Marlborough, 1938 :

« Il est déraisonnable de perdre son temps à se lamenter sur la phase finale de la vie humaine. Les nobles esprits acceptent de bonne grâce la succession de phases déclinantes qui les emporte vers un monde meilleur ou vers l'oubli[16]. »

14 novembre 1940. Churchill, qui s'attend à un bombardement de Londres, envoie ses deux secrétaires particuliers, Colville et Peck, se mettre à l'abri dans la station souterraine de Down Street, en leur disant :

« Vous êtes trop jeunes pour mourir[17] ! »

(Lui-même, qui ne s'estime pas trop jeune et aime le danger, va monter sur le toit du ministère de l'Air pour observer le bombardement.)

---

* À l'âge de soixante-trois ans, Churchill estime donc avoir atteint la fin de sa vie. Il est vrai que dans sa jeunesse, il pensait ne jamais atteindre la cinquantaine.

À son secrétaire particulier John Colville, 24 janvier 1941 :

« Ce n'est pas que je croie beaucoup à la survie de l'âme après la mort... En tout cas, pas à celle de la mémoire[18]. »

Juillet 1942. À son ministre des Affaires étrangères Anthony Eden, qui lui déconseille fortement d'entreprendre un dangereux voyage au Moyen-Orient en guerre :

« De toute façon, j'ai déjà fait mon testament [politique] en votre faveur avant mon départ pour les États-Unis... Et puis, je ne suis pas indispensable[19] ! »

Au moment de décoller d'Alger pour entreprendre un voyage de retour risqué, 6 février 1943 :

« Ce serait bien dommage de quitter la scène au milieu d'un spectacle aussi intéressant, avant d'en voir la fin. Mais ce ne serait pas non plus un mauvais moment pour prendre congé. Le chemin est tout droit maintenant, et même le Cabinet pourrait gérer les choses[20]. »

15 décembre 1943, au retour de Téhéran, Churchill est frappé d'une double pneumonie. Alité à Carthage, il est dans un état critique. À sa fille Sarah, qui se penche sur son lit :

« Ne t'inquiète pas. Si je meurs maintenant, c'est sans importance. Tous les plans ont été établis pour la victoire, et ce n'est plus qu'une question de temps[21]. »

Novembre 1949, à l'occasion de son soixante-quinzième anniversaire, un membre de son entourage lui demande s'il craint la mort :

« Je suis prêt à rencontrer mon Créateur. Quant à savoir si mon Créateur, lui, est prêt pour cette dure épreuve, c'est une autre affaire[22] ! »

En février 1950, de nombreuses rumeurs se font jour dans le pays, selon lesquelles Churchill serait décédé. L'intéressé fait paraître le communiqué suivant :

« J'apprends par de nombreuses sources que je suis mort ce matin. C'est parfaitement inexact[23]. »

À son médecin, au lendemain de la mort du roi George VI, 7 février 1952 :

« C'était une fin parfaite. Il était allé à la chasse, il avait tué neuf lièvres et un pigeon à trente mètres, puis il avait dîné avec cinq amis et il était parti dans la nuit. Que pourrait-on demander de plus ? J'espère, Charles, que vous m'organiserez quelque chose comme cela… (*Sourire*) Mais ne le faites pas avant que je vous le dise, hein[24] ! »

En décembre 1953, alors que le Premier ministre s'apprête à s'envoler pour la conférence des Bermudes, les journalistes lui demandent s'il ne craint pas d'affronter un vol de dix-sept heures, alors qu'il a eu un grave accident vasculaire cérébral six mois plus tôt.

Churchill : « Eh bien, je prendrai un somnifère et je me réveillerai aux Bermudes ou au paradis – à moins que ces messieurs aient pensé à une autre destination pour moi[25] ? »

À lord Moran, 7 septembre 1954 :

« Schiller a dit que la mort était si universelle que ce devait être une bonne chose. Il est vrai que nous nous en exagérons beaucoup l'importance – comme toutes les religions. (*Sourire*) Évidemment, je pourrais être amené à changer d'avis[26]. »

À Harold Macmillan, 2 octobre 1954 :

« Naturellement, comme tout homme de près de quatre-vingts ans qui a déjà eu deux attaques, je pourrais mourir à tout moment ; mais je ne peux pas promettre de mourir à échéance fixe. Dans l'intervalle, je n'ai pas l'intention de démissionner[27]. »

Sur le suicide, février 1955 :

« Il ne se justifie que par une douleur intolérable et incurable, ou par le fait de savoir qu'en mourant, on peut éviter de grands malheurs à d'autres*[28]. »

30 mai 1955, à son médecin :

« On ne peut pas s'attendre à vivre éternellement. J'aimerais bien ne pas me réveiller un beau matin. Ou plutôt non, si je devais mourir, j'aimerais en être informé au préalable. J'ai eu une vie bien remplie et elle m'a bien servie. Je crois que l'esprit de l'homme est immortel, mais je ne sais pas si l'on est conscient ou inconscient après la mort[29]. »

---

* Churchill pense vraisemblablement à ceux qui se sont tués pour éviter de parler sous la torture durant la Seconde Guerre mondiale.

Juin 1962, à Monte-Carlo, Churchill tombe et se casse le col du fémur. Transporté à l'hôpital Princesse-Grâce, il murmure à son secrétaire particulier Montague Brown :

« Souvenez-vous ; je veux mourir en Angleterre. Promettez-moi que vous ferez le nécessaire*[30]. »

La mort décrite par Churchill, 1964 :

« Une sorte d'obscurité soyeuse et fraîche. Bien sûr, j'admets que je pourrais me tromper. Peut-être que je renaîtrai en coolie chinois. Dans ce cas, je protesterai[31]. »

À lord Boothby, octobre 1964 :

« Le voyage méritait d'être fait – une seule fois. Et ensuite ? Un long sommeil, probablement ; je le mérite[32]. »

---

* Opéré dès son arrivée à Londres, Churchill surmonte dans la foulée une bronchite suivie d'une pneumonie, compliquée d'une thrombose et aggravée d'une jaunisse – certainement un cas unique dans l'histoire médicale… Il rentre chez lui le 21 août 1962, sous les vivats de millions de Londoniens.

ÉPILOGUE

Le 10 janvier 1965, frappé d'une congestion cérébrale massive, Churchill perd connaissance. Lord Louis Mountbatten, membre du comité chargé de longue date par la reine d'organiser les funérailles du grand homme (nom de code : « Opération Hope-Not »), demande au secrétaire de Churchill si l'échéance fatale est arrivée :

« Ne t'inquiète pas, Dickie, répond le secrétaire. Il ne va pas mourir tout de suite. Pas avant le 24 janvier…

– Comment diable peux-tu savoir une chose pareille ?, demande lord Louis.

– Parce qu'il a toujours dit qu'il mourrait le jour de la mort de son père, et je suis certain que c'est exactement ce qu'il va faire. [1] »

(Lord Mountbatten, quelque peu interloqué, fait organiser les funérailles en conséquence, et le 24 janvier 1965 à huit heures du matin, soixante-dix ans après la mort de son père, mois pour mois, jour pour jour, heure pour heure, Winston Spencer Churchill rend effectivement son dernier soupir*.)

---

* Douze ans plus tôt, en 1953, il avait dit à sir John Colville : « Nous sommes le 24 janvier, le jour où mon père est mort. C'est aussi le jour où je mourrai… » (R.M. LANGWORTH, Edit., *Churchill by himself, op.cit.*, p. 501)

CONCLUSION

Le lecteur aura certainement compris qu'il a affaire à un homme d'État exceptionnel et à un écrivain prodigieux. Il lui reste à se rendre compte du véritable monument de contradictions qu'est Winston Churchill : aristocrate anglais par son père, de mère américaine ayant du sang français et iroquois, il est « à moitié américain et cent pour cent anglais » ; enfant capricieux, agité et batailleur, mais toujours en quête d'affection ; écolier qui se distingue par son indiscipline, son manque de ponctualité, son allergie aux mathématiques et aux langues, mais doté d'une prodigieuse mémoire et d'une imagination sans limites ; adolescent méprisé et constamment rabroué par son père, mais qui vouera toute sa vie à ce père un véritable culte ; rabaissé et humilié pendant toute sa jeunesse, mais ne doutant jamais de ses talents et de sa réussite finale ; jeune homme malingre aux bronches fragiles, perpétuellement malade, mais champion de natation, d'escrime, de steeple-chase, de polo et de tir au pistolet ; cherche toujours à se rapprocher du danger, et échappe quinze fois à la mort d'extrême justesse ; consomme quotidiennement des doses vertigineuses de champagne, vin blanc, whisky, porto, sherry et cognac, sans effet perceptible sur ses capacités physiques et intellectuelles ; de nature optimiste et pugnace, mais sujet à de longs et fréquents accès de dépression ; médite beaucoup, mais ne supporte pas l'inaction ; d'une ambition effrénée, mais sans un soupçon d'arrivisme ; fils et petit-fils de duc, mais ne cesse de dénoncer les lords au Parlement ;

n'ayant jamais pu choisir entre le métier de soldat, de politicien et de journaliste, a exercé toute sa vie les trois à la fois ; monstrueusement égocentrique mais extraordinairement généreux ; affecté de bégaiement et de zézaiement, mais devenu l'un des plus grands orateurs de l'histoire parlementaire britannique ; adversaire acharné des Boers pendant la guerre d'Afrique du Sud, mais défenseur acharné des Boers après la guerre d'Afrique du Sud ; nul en latin, mais toujours prompt à égrener d'interminables citations latines ; travailleur solitaire, mais qui n'aspire qu'à travailler en équipe ; ministre des Finances extrêmement populaire mais totalement incompétent ; vivant symbole de la démocratie, mais fasciné par l'autocratie ; lutteur implacable qui adore la guerre, mais fait tout pour l'éviter avant qu'elle n'éclate, et n'aspire qu'à la réconciliation une fois qu'elle a pris fin ; partisan inconditionnel de l'offensive, mais qui ne donne sa pleine mesure que dans la défensive ; maître de la tactique militaire, mais stratège amateur, tantôt inspiré et tantôt catastrophique ; pionnier de l'aviation de bombardement en 1914, mais refuse de croire en 1939 que les navires sont vulnérables aux bombardiers en piqué ; conspirateur exécrable, incapable de garder un secret, mais gardien des plus lourds secrets du siècle : le radar, Ultra et la bombe atomique ; combattant intrépide, mais d'une timidité maladive avec les femmes ; athée résolu, mais persuadé de bénéficier d'une protection divine ; de goûts modestes, sait toujours se contenter de ce qu'il y a de mieux ; dort dans l'après-midi, veille la nuit, et passe davantage de temps dans sa baignoire que n'importe quel mortel ordinaire ; prompt à s'emporter, mais ignorant la rancune ; capable d'inventions farfelues un jour, géniales le lendemain ; historien de talent, narrateur incomparable, mais peu enclin à la nuance et sans conception de la complexité des caractères ; capable d'écrire les plus belles phrases de la langue anglaise depuis Gibbon et Macaulay, mais n'a jamais su où placer les virgules ; romantique et idéaliste, prend ses désirs pour des réalités, mais a des visions fulgurantes du passé comme de l'avenir ; ennemi mortel du communisme, mais s'engagera à fond pour aider l'Union soviétique après le

22 juin 1941 ; de peau si délicate qu'il ne peut porter que des sous-vêtements de soie, mais vivant parfaitement à l'aise dans la boue et la pourriture des tranchées de Flandres ; chante abominablement faux, mais est extrêmement sensible à la musique des mots et à l'harmonie des phrases ; apprécie nettement moins ses privilèges en s'apercevant de la misère qui l'entoure ; pur produit de l'Angleterre victorienne, est persuadé de la mission civilisatrice de l'Empire britannique, mais le fanatisme le déconcerte, le racisme lui est étranger et l'antisémitisme lui fait horreur ; généreux et prompt à pardonner, mais fervent partisan de la peine de mort pour les criminels endurcis ; toujours disposé à négocier et à discuter, pourvu que l'on finisse par se ranger à son avis ; intimement persuadé de son bon droit, surtout lorsqu'il est conscient d'avoir tort ; encense Mussolini en 1927, mais le fustige en 1937 ; admire et soutient le général de Gaulle, mais veut le liquider politiquement dès qu'il échappe à son influence ; ardemment royaliste et férocement anticommuniste, mais soutient en Yougoslavie le communiste Tito contre le royaliste Mihailovitch ; pense pouvoir influencer Staline et Roosevelt, mais se laisse fréquemment manœuvrer par l'un comme par l'autre ; chasseur enthousiaste, mais ne peut vivre qu'entouré de centaines d'animaux, dont la mort le laisse inconsolable ; époux fidèle et sentimental, mais d'un égocentrisme forcené ; père de famille affectueux et attentionné, mais qui n'a jamais eu le temps de s'occuper sérieusement de ses enfants ; grand ami de la France, mais qui n'hésitera pas à envoyer sa flotte par le fond à Mers el-Kébir ; a acquis par sa plume des sommes colossales, immédiatement englouties dans des spéculations hasardeuses et un train de vie de grand seigneur ; personnage attachant, qui peut passer sans transition d'une candeur désarmante à une mauvaise foi tonitruante ; maçon virtuose, mais gentleman-farmer catastrophique ; vaniteux comme un paon, adore les beaux uniformes et les tenues de gala, mais peut aussi recevoir ses hôtes en robe de chambre ou en bleu de chauffe ; invraisemblable touche-à-tout, capable de se muer en directeur de journal lorsqu'il est ministre des Finances et en général de brigade lors-

qu'il est ministre de la Marine ; peut faire construire des tanks par l'Amirauté et des avions de chasse par un magnat de la presse ; se désintéresse de l'art, mais peint des tableaux splendides ; apprend à piloter, mais reste le conducteur le plus distrait d'Angleterre ; désespérément sentimental, prompt à pleurer et à s'attendrir, mais capable des calculs les plus froids et des résolutions les plus implacables ; entièrement réfractaire aux mathématiques et au raisonnement scientifique, mais fasciné par la science, les graphiques et les statistiques ; passe pour un ennemi juré de la classe ouvrière, mais est l'un des pères de la législation sociale britannique ; manque totalement de psychologie, mais sait d'instinct s'entourer de collaborateurs utiles et compétents ; a écrit sur la Première Guerre mondiale une « autobiographie déguisée en histoire de l'univers » ; a récidivé en écrivant l'histoire de la Seconde Guerre mondiale ; organisateur incomparable, mais perpétuellement distrait et ignorant superbement la ponctualité ; ennemi juré de l'Allemagne pendant deux guerres mondiales, mais fervent apôtre de la réconciliation avec l'Allemagne après celles-ci ; député renfrogné et dépressif, mais qui érige l'humour en arme absolue dans le discours parlementaire ; ministre exerçant ses fonctions avec zèle, mais cherchant constamment à exercer celles de ses collègues par la même occasion ; Premier ministre qui est un chef d'orchestre admirable, mais qui descend perpétuellement de son pupitre pour jouer la partition du violoniste ou celle du trompettiste, tout en prétendant continuer à diriger l'orchestre ; lauréat du Prix Nobel de littérature 1953, auquel son père écrivait six décennies plus tôt : « Je te renverrai ta lettre, pour que tu puisses de temps à autre revoir ton style pédant d'écolier attardé » ; vieil homme inusable que ses jeunes assistants s'essoufflent à suivre dans tous ses déplacements, il a traversé des épreuves terrifiantes, pris des risques effarants, et bénéficié toute sa vie d'une chance parfaitement anormale...

Sous cette masse de contradictions apparentes, il existe de nombreuses clés pour comprendre sir Winston Spencer

Churchill. Si elles n'ouvrent pas toutes les portes, c'est que chaque homme garde en lui sa part de mystère. Mais suivre pas à pas, depuis la prime jeunesse, les péripéties de cette fabuleuse existence, c'est à coup sûr enrichir la sienne.

Abréviations

ADM	Admiralty
BUL	Birmingham University Library
CAB	Cabinet papers, PRO
CIGS	Chief of the Imperial General Staff (chef de l'état-major général)
CNF	Comité national français
CNR	Conseil national de la Résistance
C.of E.	Chancelor of the Exchequer (ministre des Finances)
CPA	Canadian Public Archives
DPM	Deputy Prime Minister
FDR	Franklin D. Roosevelt Library, Hyde Park, New York
FLA	First Lord of the Admiralty
FNC	French National Committee
FO	Foreign Office (Ministère des Affaires étrangères britannique)
FRUS	Foreign Relations of the United States
FS	Foreign Secretary (Ministre des Affaires étrangères)
FSL	First Sea Lord
GPRF	Gouvernement Provisoire de la République française
H.of C.	House of Commons
IWM	Imperial War Museum, Londres

LES	London School of Economics
MI	Military Intelligence
MVBZ	Ministerie Van Buitenlandse Zaken (Ministère des Affaires étrangères des Pays-Bas, Amsterdam)
NA	National Archives, Washington
NATO	North Atlantic Treaty Organisation (OTAN)
PM	Prime Minister
PREM	Prime Minister's papers, PRO
PRO	Public Records Office, Londres
SSFA	Secretary of State for Foreign Affairs (Ministre des Affaires étrangères)
UD	Utenriksdepartment (Ministère des Affaires étrangères de Norvège, Oslo)
WC	War Cabinet
WSC	Winston Spencer Churchill

NOTES

Notes du chapitre premier : « Autoportrait », p. 9

1. J. KENNEDY, *The Business of War,* Londres, Hutchinson, 1957, p. 78.

2. W.S. CHURCHILL, *My Early Life*, Londres, R.S., 1944, p. 13.

3. *Ibid.*, p. 18 et 21.

4. R.S. CHURCHILL, *Winston S. Churchill*, vol. I, Londres, Heinemann, 1966, p. 94.

5. W.S. CHURCHILL, *My Early Life*, *op. cit.*, p. 23.

6. *Ibid.*, p. 25.

7. *Ibid.*, p. 68.

8. F. HARRIS, *My Life and Loves*, N.Y., Harcourt, 1963, p. 471.

9. W.S. CHURCHILL, *My Early Life*, *op. cit.*, p. 71.

10. *Ibid.*, p. 86.

11. *Ibid.*, p. 102.

12. R.S. CHURCHILL, *Winston S. Churchill*, Companion vol. I/2, Londres, Heinemann, 1967, p. 781.

13. *Ibid.*

14. *Ibid.*, p. 835.

15. *Ibid.*, p. 862.

16. R.S. CHURCHILL, *Winston S. Churchill*, vol. I, *op. cit.*, p. 406.

17. *Ibid.*

18. J.B. ATKINS, *Incidents and Reflections*, p. 125, cité dans V. BONHAM CARTER, *Winston Churchill as I knew him*, Londres, Reprint Society, 1965, p. 53.

19. W.S. CHURCHILL, *My Early Life*, *op. cit.*, p. 360.

20. R.S. CHURCHILL, *Winston S. Churchill*, Companion vol. I/2, *op. cit.*, p. 1151.

21. *Ibid.*, p. 1147.

22. *Ibid.*, p. 1160.

23. V. BONHAM CARTER, *Winston Churchill as I knew him*, *op. cit.*, p. 15-16.

24. M. SOAMES, Edit., *Speaking for themselves*, Londres, Black Swan, 1999, p. 13.

25. W.S. CHURCHILL, *The World Crisis*, vol. I, Londres, Thornton-Butterworth, 1923, p. 123.

26. R.S. CHURCHILL, *Winston S. Churchill*, vol. II, Londres, Heinemann, 1967, p. 710.

27. W.S. CHURCHILL, *Thoughts and Adventures*, Londres, Thornton Butterworth, 1932, p. 307.

28. M. GILBERT, *Winston S. Churchill*, vol. III, Londres, Heinemann, 1971, p. 579, 581, 586.

29. *Ibid.*, p. 610-611.

30. *Ibid.*, p. 759.

31. M. GILBERT, *Winston S. Churchill*, Companion vol. III/2, *op. cit.*, p. 1530-31.

32. M. GILBERT, *Winston S. Churchill*, Companion vol. IV/1, *op. cit.*, p. 5.

33. R. BOOTHBY, *Recollections of a Rebel*, Londres, Hutchinson, 1978, p. 46.

34. Interview de Lady Diana Cooper par l'auteur, 08/04/1979.

35. W.S. CHURCHILL, *The Second World War*, vol. I, Londres, Cassell, 1948, p. 155.

36. *Ibid.*, p. 201.

37. M. GILBERT, *Winston S. Churchill*, vol. VI, Londres, Heinemann, 1983, p. 935.

38. W.S. CHURCHILL, *The Second World War*, vol. I, *op. cit.*, p. 526-527.

Notes du chapitre II : « Les hasards de l'existence », p. 25

1. W.S. CHURCHILL, *My Early Life*, *op. cit.*, p. 27-28.

2. *Ibid.*, p. 35.

3. *Ibid.*, p. 203-204.

4. W.S. CHURCHILL, *Thoughts and Adventures*, *op. cit.*, p. 105-106.

5. W.S. CHURCHILL, *My Early Life*, *op. cit.*, p. 111.

6. A. BRYANT, *The Turn of the Tide*, Londres, Reprint Society, 1958, p. 216.

7. R.R. JAMES, Edit., *Winston S. Churchill, His Complete Speeches*, vol. VI, N.Y., Chelsea House, 1974, p. 6247.

8. *Hansard*, House of Commons, 27 février 1945.

9. W.S. CHURCHILL, *The Second World War*, vol. I, *op. cit.*, p. 374.

10. M. GILBERT, *Winston S. Churchill*, vol. VIII, Londres, Heinemann, 1988, p. 23.

Notes du chapitre III : « La Grande-Bretagne et l'Empire », p. 31

1. W.S. CHURCHILL, *My Early Life, op. cit.*, p. 5.

2. R.S. CHURCHILL, *Winston S. Churchill*, Companion vol. I/2, *op. cit.*, p. 825-826 ; 835-836.

3. R.R. JAMES, Edit., *Winston S. Churchill, His Complete Speeches*, vol. I, *op. cit.*, p. 30.

4. R.S. CHURCHILL, *Winston S. Churchill*, vol. II, *op. cit.,* p. 32.

5. R.R. JAMES, Edit., *Winston S. Churchill, His Complete Speeches*, vol. II, *op. cit.*, p. 1145-1146.

6. *Hansard*, House of Commons, 17 mars 1914.

7. *Ibid.*, 24 octobre 1935.

8. *Ibid.*, 26 janvier 1931.

9. R.R. JAMES, Edit., *Winston S. Churchill, His Complete Speeches*, vol. IV, *op. cit.*, p. 4990.

10. K. HALLE, *Irrepressible Churchill*, N.Y., Facts on File, 1985, p. 96.

11. M. GILBERT, *Winston S. Churchill*, vol. V, Londres, Heinemann, 1976, p. 886.

12. W. MANCHESTER, *Winston Churchill*, vol. II, Paris, Robert Laffont, 1990, p. 163.

13. V. BONHAM-CARTER, *Champion redoutable*, Londres, Weidenfeld & Nicolson, 1998, p. 252.

14. K. PENDAR, *Adventure in Diplomacy*, Londres, Cassell, 1966, p. 154.

15. G. PAWLE, *The War and Colonel Warden*, Londres, Harrap, 1963, p. 250 ; une version très similaire dans : J. BARRATT, *With the greatest respect*, Londres, Sidgwick & Jackson, p. 137.

16. M. SOAMES, Edit., *Speaking for themselves, op. cit.*, p. 512.

17. K. HALLE, *Irrepressible Churchill, op. cit.*, p. 234.

18. W. HAYTER, *A Double Life*, Londres, Hutchinson, 1974, p. 87.

19. K. HALLE, *Irrepressible Churchill, op. cit.*, p. 266-267.

Notes du chapitre IV : « De la politique », p. 39

1. R.S. CHURCHILL, *Winston S. Churchill*, Companion vol. I/2, *op. cit.,* p. 583.

2. K. HALLE, *Irrepressible Churchill*, *op. cit.*, p. 40.

3. LORD MORAN, *Winston Churchill, The struggle for survival*, Londres, Constable, 1966, p. 541.

4. R.R. JAMES, Edit., *Winston S. Churchill, His Complete Speeches*, vol. II, *op. cit.*, p. 1099.

5. W.S. CHURCHILL, *My Early Life*, *op. cit.*, p. 238.

6. W.S. CHURCHILL, *Thoughts and Adventures*, *op. cit.*, p. 43.

7. Interview de Lady Diana Cooper par l'auteur.

8. M. GILBERT, *Winston S. Churchill*, vol. VI, *op. cit.*, p. 1105.

9. *Hansard*, House of Commons, 15 novembre 1934.

10. *Ibid.*, 6 novembre 1951.

11. W.S. CHURCHILL, *Thoughts and Adventures*, *op. cit.*, p. 213.

12. A. SYKES & I. SPROA, *The Wit of sir Winston*, Londres, Collins, 1965, p. 70.

13. W.S. CHURCHILL, *My Early Life*, *op. cit.*, p. 373.

14. M. SOAMES, Edit., *Speaking for themselves*, *op. cit.*, p. 341.

15. W.S. CHURCHILL, *Thoughts and Adventures*, *op. cit.*, p. 240.

16. R.R. JAMES, Edit., *Winston S. Churchill, His Complete Speeches*, vol. V, *op. cit.*, p. 5129.

17. *Ibid.*, vol. VII, *op. cit.*, p. 7261-7262.

18. *Ibid.*, p. 7235.

19. *Ibid.*, p. 7566.

20. *Ibid.,* vol. VI, p. 6031.

21. *Hansard*, House of Commons, 31 octobre 1944.

22. R.R. JAMES, Edit., *Winston S. Churchill, His Complete Speeches*, vol. VII, *op. cit.*, p. 7572.

23. *Hansard*, House of Commons, 6 juin 1951.

24. *The Times*, 28 mai 1953.

Notes du chapitre V : « Prophéties », p. 47

1. M. GILBERT, *In Search of Churchill*, Londres, Harper Collins, 1994, p. 214-215.

2. R.S. CHURCHILL, *Winston S. Churchill*, vol. I, *op. cit.*, p. 352.

3. *Ibid.*, p. 353.

4. R.H. PILPEL, *Churchill in America. An affectionate Portrait*, N.Y., New English Library, 1976, p. 48.

5. R.M. LANGWORTH, *Churchill by himself*, Londres, Ebury Press, 2008, p. 504.

6. W.S. CHURCHILL, *The World Crisis*, vol. I, Londres, Odhams, 1938, p. 42-44.

7. W.S. CHURCHILL, *Thoughts and Adventures*, *op. cit.*, p. 114.

8. W.S. CHURCHILL, *The Second World War*, vol. II, Londres, Cassell, 1949, p. 215.

9. *Ibid.*

10. W.S. CHURCHILL, *Thoughts and Adventures*, *op. cit.*, p. 250.

11. M. GILBERT, *Winston S. Churchill*, vol. V, *op. cit.*, p. 123.

12. M. GILBERT, *Winston Churchill, The Wilderness Years*, Boston, Houghton Mifflin, 1984, p. 36.

13. M. GILBERT, *Winston S. Churchill*, vol. V, *op. cit.*, p. 435.

14. *Hansard*, House of Commons, 23 novembre 1932.

15. *Ibid.*, 14 mars 1933.

16. W.S. CHURCHILL, *While England slept*, N.Y., Putnam's, 1938, p. 145.

17. *Hansard*, House of Commons, 2 mai 1935.

18. *Ibid.*, 10 mars 1936.

19. *Ibid.*, 23 avril 1936.

20. *Evening Standard*, 27 novembre 1936.

21. *Ibid.*, 14 mars 1938.

22. *Daily Telegraph*, 4 août 1938.

23. *Hansard*, House of Commons, 5 octobre 1938.

24. R.R. JAMES, Edit., *Winston S. Churchill, His Complete Speeches*, vol. VI, *op. cit.*, p. 6041.

25. W.H. THOMPSON, *I was Churchill's Shadow*, Londres, Christopher Johnson, 1951, p. 15.

26. E. SPEARS, *Assignment to Catastrophe*, vol. I, Londres, Reprint Society, 1956, p. 14.

27. *Ibid.*, p. 18.

28. W.S. CHURCHILL, *The Second World War*, vol. I, *op. cit.*, p. 554.

29. FO 800/328, *(Foreign Office)*, Churchill to Halifax, private and personal, 14 mars 1940.

30. E. SPEARS, *Assignment to Catastrophe*, vol. I, *op. cit.*, p. 305.

31. M. GILBERT, *Winston S. Churchill*, vol. VI, *op. cit.*, p. 485.

32. W.S. CHURCHILL, *The Second World War*, vol. II, *op. cit.*, p. 162.

33. J. COLVILLE, *The Fringes of Power*, Londres, Hodder & Stoughton, 1985, p. 195.

34. *Hansard*, House of Commons, 20 août 1940.

35. M. GILBERT, *Winston S. Churchill*, vol. VIII, *op. cit.*, p. 550.

36. *Ibid.*, vol. VII, *op. cit.*, p. 252.

37. *Ibid.*, p. 372.

38. *Hansard*, House of Commons, 1er août 1946.

39. *Times*, 20 septembre 1946.

40. *Hansard*, House of Commons, 30 novembre 1950.

41. J. COLVILLE, *The Fringes of Power*, *op. cit.*, p. 658.

42. *Hansard*, House of Commons, 3 novembre 1953.

43. *Ibid.*

44. J. COLVILLE, *The Fringes of Power*, *op. cit.*, p. 708.

Notes du chapitre VI : « La guerre », p. 67

1. S. SASSOON, *Siegfried's Journey*, Londres, Faber and Faber, 1945.

2. *Hansard*, House of Commons, 12 mars 1901.

3. F.B. CZARNOMSKI, Edit., *The Eloquence of Winston Churchill*, N.Y., New American Library, 1957, p. 15.

4. *Hansard*, House of Commons, 17 mars 1914.

5. R.S. CHURCHILL, *Winston S. Churchill*, vol. II, *op. cit.*, p. 711.

6. M. SOAMES, Edit., *Speaking for themselves*, *op. cit.*, p. 163-164.

7. *Ibid.*, p. 179.

8. W.S. CHURCHILL, *My Early Life*, *op. cit.*, p. 74.

9. W.S. CHURCHILL, *Thoughts and Adventures*, *op. cit.*, p. 245.

10. W.S. CHURCHILL, *My Early Life*, *op. cit.*, p. 245.

11. *Ibid.*, p. 346.

12. C. EADE, Edit., *Churchill : By His Contemporaries*, Londres, Reprint Society, 1953, p. 243.

13. W.S. CHURCHILL, *Great Contemporaries*, Londres, Odhams, 1937, p. 246.

14. K. HALLE, *Irrepressible Churchill*, *op. cit.*, p. 118.

15. M. GILBERT, *Winston S. Churchill*, vol. VI, *op. cit.*, p. 23.

16. FO 371/24820, *War Cabinet Meeting*, WM 40, 02/01/1940.

17. K. HALLE, *Irrepressible Churchill*, *op. cit.*, p. 133.

18. H. ISMAY, *The Memoirs of General Lord Ismay*, Londres, Heinemann, 1960, p. 116.

19. *Hansard*, House of Commons, 13 mai 1940.

20. *Ibid.*, 4 juin 1940.

21. K. HALLE, *Irrepressible Churchill, op. cit.*, p. 137.

22. *Hansard*, House of Commons, 18 juin 1940.

23. *Ibid.*, 20 août 1940.

24. *Ibid.*, 8 octobre 1940.

25. J. COLVILLE, *The Fringes of Power, op. cit.*, p. 266.

26. *Ibid.*, p. 273.

27. *Ibid.*, p. 323.

28. *Hansard*, House of Commons, 7 mai 1941.

29. J. KENNEDY, *The Business of War, op. cit.*, p. 60.

30. K. HALLE, *Irrepressible Churchill, op. cit.*, p. 149.

31. J. COLVILLE, *The Fringes of Power, op. cit.*, p. 404.

32. R.R. JAMES, Edit., *Winston S. Churchill, His Complete Speeches*, vol. VI, *op. cit.*, p. 6500.

33. W.S. CHURCHILL, *The Second World War*, vol. III, *op. cit.*, p. 383.

34. J.W. WHEELER-BENNETT, *King George VI*, Londres, Macmillan, 1958, p. 537.

35. J. HARVEY, Edit., *The War Diaries of Oliver Harvey*, Londres, Collins, 1978, p. 165.

36. R.R. JAMES, Edit., *Winston S. Churchill, His Complete Speeches*, vol. VI, *op. cit.*, p. 6693.

37. J. KENNEDY, *The Business of War, op. cit.*, p. 274.

38. *Ibid.*

39. K. HALLE, *Irrepressible Churchill, op. cit.*, p. 177.

40. W. AVERELL HARRIMAN & E. ABEL, *Special Envoy to Churchill and Stalin*, N.Y., Random House, 1975, p. 205.

41. *Hansard*, House of Commons, 8 juin 1943.

42. R.R. JAMES, Edit., *Winston S. Churchill, His Complete Speeches*, vol. VII, *op. cit.*, p. 6799.

43. M. SOAMES, Edit., *Speaking for themselves, op. cit.*, p. 485.

44. C. MORAN, *Winston Churchill, the Struggle for Survival*, Londres, Constable, 1966, p. 158.

45. M. GILBERT, *Winston S. Churchill*, vol. VII, *op. cit.*, p. 633.

46. *Ibid.*, p. 810.

47. *Ibid.*, p. 859.

48. N. NICOLSON, Edit., *Diaries and Letters*, vol. I, Londres, Collins, 1966, p. 422.

49. M. GILBERT, *Winston S. Churchill*, vol. VII, *op. cit.*, p. 1170.
50. M. SOAMES, Edit., *Speaking for themselves, op. cit.*, p. 530.
51. A. DANCHEV & D. TODMAN, *War Diaries of Field Marshal Lord Alanbrooke*, Londres, Weidenfeld & Nicolson, 2001, p. 691.

Notes du chapitre VII : « La France », p. 83

1. W.S. CHURCHILL, *My Early Life, op. cit.*, p. 13.
2. R.R. JAMES, Edit., *Winston S. Churchill, His Complete Speeches*, vol. VII, *op. cit.*, p. 7357.
3. R.S. CHURCHILL, *Winston S. Churchill*, vol. I, *op. cit.*, p. 159.
4. R.R. JAMES, Edit., *Winston S. Churchill, His Complete Speeches*, vol. VII, *op. cit.*, p. 7357.
5. *Ibid.*, vol. II, p. 1289.
6. W.S. CHURCHILL, *Great Contemporaries, op. cit.*, p. 146 ; 236-237.
7. *Ibid.*, p. 236.
8. M. GILBERT, *Winston S. Churchill*, vol. IV, *op. cit.*, p. 62-63.
9. *Ibid.*, p. 608.
10. R.R. JAMES, Edit., *Winston S. Churchill, His Complete Speeches*, vol. IV, *op. cit.*, p. 3387.
11. W.S. CHURCHILL, *Thoughts and Adventures, op. cit.*, p. 188.
12. *Ibid.*, p. 3767.
13. M. GILBERT, *Winston S. Churchill*, vol. V, *op. cit.*, p. 341.
14. *Ibid.*, p. 5059.
15. *Ibid.*, p. 5058.
16. *Hansard*, House of Commons, 14 mars 1933.
17. R.R. JAMES, Edit., *Winston S. Churchill, His Complete Speeches*, vol. V, *op. cit.*, p. 5238.
18. W. MANCHESTER, *Winston Churchill*, vol. II, *op. cit.*, p. 163.
19. *Ibid.*, vol. VI, p. 5814.
20. M. GILBERT, *Winston S. Churchill*, vol. V, *op. cit.*, p. 786.
21. *Hansard*, House of Commons, 24 mars 1938.
22. *Daily Telegraph*, 14 avril 1938.
23. K. HALLE, *Irrepressible Churchill, op. cit.*, p. 115.
24. M. GILBERT, *Winston S. Churchill*, vol. V, *op. cit.*, p. 1006.
25. R.R. JAMES, Edit., *Winston S. Churchill, His Complete Speeches*, vol. VI, *op. cit.*, p. 6125.
26. W.S. CHURCHILL, *The Second World War*, vol. I, *op. cit.*, p. 454.

27. CAB 65/6, War Cabinet 67 (40), 13 mars 1940.

28. D. DILKS, Edit., *Cadogan Diaries*, Londres, Cassell, 1971, p. 286.

29. CAB 99/3, Supreme War Council, 13/06/1940 ; également : F. KERSAUDY, *De Gaulle et Churchill*, Paris, Perrin, 2001, p. 60-61.

30. J. COLVILLE, *The Fringes of Power*, *op. cit.*, p. 158.

31. *Hansard*, House of Commons, 25 juin 1940.

32. J. COLVILLE, *The Fringes of Power*, *op. cit.*, p. 183-184.

33. W.S. CHURCHILL, *The Second World War*, vol. II, *op. cit.*, p. 206.

34. *Hansard*, House of Commons, 14 juillet 1940.

35. A. MONTAGUE BROWN, *Long Sunset*, Londres, Cassell, 1995, p. 160.

36. W.S. CHURCHILL, *The Second World War*, vol. II, *op. cit.*, p. 212.

37. R.R. JAMES, Edit., *Winston S. Churchill, His Complete Speeches*, vol. VI, *op. cit.*, p. 6296-6298.

38. L. ROUGIER, *Mission secrète à Londres*, Montréal, Beauchemin, 1946, p. 72.

39. *Ibid.*, p. 76.

40. MEC Spears, IA, W.S.C. to C. de Gaulle, tel. n° 1911, 6 juin 1941.

41. CAB 127/23, War Cab. 373 (42), 23/08/1942.

42. M. CLARK, *Calculated Risk*, Londres, Harrap, 1951, p. 54-55.

43. R.R. JAMES, Edit., *Winston S. Churchill, His Complete Speeches*, vol. VI, *op. cit.*, p. 6694.

44. *Ibid.*, p. 6721.

45. M. SOAMES, Edit., *Speaking for themselves*, *op. cit.*, p. 475.

46. A. BRYANT, *Triumph in the West*, Londres, Collins, 1959, p. 214.

47. J. COLVILLE, *The Fringes of Power*, *op. cit.*, p. 517.

48. CAB 20/153, PM's personal minute, M. 1144/4, 25/11/1944.

49. M. GILBERT, *Winston S. Churchill*, vol. VII, *op. cit.*, p. 1154-1155.

50. FRUS, *Conferences at Malta and Yalta, 1945,* U.S. Government Printing Office, 1945, p. 629.

51. C. MORAN, *Winston Churchill, the Struggle for Survival*, *op. cit.*, p. 224.

52. M. GILBERT, *Winston S. Churchill*, vol. VIII, *op. cit.*, p. 224.

53. R.R. JAMES, Edit., *Winston S. Churchill, His Complete Speeches*, vol. VII, *op. cit.*, p. 7381.

54. *Ibid.*, vol. VIII, p. 7921.

55. *Ibid.*, p. 8687.

Notes du chapitre VIII : « Le... français », p. 107

1. R.S. CHURCHILL, *Winston S. Churchill*, Companion vol. I/1, *op. cit.*, p. 400.
2. V. BONHAM CARTER, *Winston Churchill as I knew him*, *op. cit.*, p. 357.
3. M. GILBERT, *Winston S. Churchill*, vol. V, *op. cit.*, p. 929.
4. E. SPEARS, *Assignment to Catastrophe*, vol. I, *op. cit.*, p. 105.
5. K. HALLE, *Irrepressible Churchill*, *op. cit.*, p. 138.
6. H. ISMAY, *The Memoirs of General Lord Ismay*, *op. cit.*, p. 127.
7. D. DILKS, Edit., *Cadogan Diaries*, *op. cit.*, p. 285.
8. E. SPEARS, *Assignment to Catastrophe*, vol. I, *op. cit.*, p. 301.
9. H. ISMAY, *The Memoirs of General Lord Ismay*, *op. cit.*, p. 140.
10. LSE, *Dalton Diaries*, vol. 23, 03/09/1940.
11. Interview de Lady Diana Cooper par l'auteur.
12. K. HALLE, *Irrepressible Churchill*, *op. cit.*, p. 137.
13. M. GILBERT, *Winston S. Churchill*, vol. VII, *op. cit.*, p. 278.
14. Interview de Lady Diana Cooper par l'auteur. Une version moins intelligible dans : K. HALLE, *Irrepressible Churchill*, *op. cit.*, p. 179.
15. F. KERSAUDY, *De Gaulle et Churchill*, Paris, Perrin, 2001, p. 257.
16. K. HALLE, *Irrepressible Churchill*, *op. cit.*, p. 137.
17. W.S. CHURCHILL, *The Second World War*, vol. V, *op. cit.*, p. 401.
18. BBC, Service français, LP 8284, Mr. W. Churchill, 12/11/1944.
19. M. GILBERT, *Winston S. Churchill*, vol. VIII, *op. cit.*, p. 171.
20. *Ibid.*
21. P. ZIEGLER, *Mountbatten*, Londres, Collins, 1985, p. 512.
22. R.R. JAMES, Edit., *Winston S. Churchill, His Complete Speeches*, vol. VIII, *op. cit.*, p. 8687.

Notes du chapitre IX : « De Gaulle », p. 117

1. FRUS, *General and Europe. 1940*, vol. I, U.S. Government Printing Office, 1940, p. 246-247.
2. W.S. CHURCHILL, *The Second World War*, vol. II, *op. cit.*, p. 189.
3. CAB 65/7, WC 177 (40) 8, 23 juin 1940.
4. CAB 65/14, WM (40), 219th conclusion, Conf. Annex, 05/08/1940 ; W.S. CHURCHILL, *The Second World War*, vol. II, *op. cit.*, p. 588.

5. *Hansard*, House of Commons, 8 octobre 1940.

6. W.S. CHURCHILL, *The Second World War*, vol. II, *op. cit.*, p. 451.

7. CPA, MG 26, J4, Memo and Notes, vol. 327, file 3452, Ralston Diary, 21/12/1940.

8. W.S. CHURCHILL, *The Second World War*, vol. III, *op. cit.*, p. 651.

9. PREM 3 121/5, WP (43) 341, 07/08/1943.

10. PREM 3 120/5, P.M. to Secretary of State, 27/08/1941.

11. FO 371 31950, 30/09/1942.

12. F. KERSAUDY, *De Gaulle et Churchill, op. cit.*, p. 236.

13. R. MURPHY, *Diplomat among Warriors*, Doubleday, N.Y., 1964, p. 175.

14. C. MORAN, *Winston S. Churchill, the Struggle for Survival, op. cit.*, p. 81.

15. K. PENDAR, *Adventures in Diplomacy, op. cit.*, p. 148.

16. FO 371/36047, Strang minute, 10/02/1943.

17. L. BIRKENHEAD, *Halifax*, Londres, Hamish Hamilton, 1965, p. 537.

18. CPA, MacKenzie King Diaries, 19/05/1943.

19. FO 371/36047, P.M. to Deputy P.M. and Foreign Secretary, Pencil nº 166, 21/05/1943.

20. PREM 3 121/1, circular signed W.S.C., 12/06/1943.

21. FDR/MR, Special File FNC, 1 sect. 3, WC to FDR nº 504, 13/11/1943.

22. W.S. CHURCHILL, *The Second World War*, vol. V, *op. cit.*, p. 338.

23. A. GILLOIS, *Histoire secrète des Français à Londres*, Paris, Hachette, 1973, p. 251.

24. W.S. CHURCHILL, *The Second World War*, vol. V, *op. cit.*, p. 401.

25. M. GILBERT, *Winston S. Churchill*, vol. VII, *op. cit.*, p. 646.

26. E. D'ASTIER, *Sept fois sept jours*, Paris, Gallimard, 1961, p. 171.

27. C. DE GAULLE, *Mémoires de Guerre*, t. II, *L'unité*, Paris, Plon, 1956, p. 224.

28. A. GILLOIS, *Histoire secrète des Français à Londres, op. cit.*, p. 24.

29. FO 371/41994, W.C. to Eden, 1 774/D, 13/06/1944.

30. R.R. JAMES, Edit., *Winston S. Churchill, His Complete Speeches*, vol. VII, *op. cit.*, p. 7031.

31. E. D'ASTIER, *Les Dieux et les Hommes*, Paris, Julliard, 1952, p. 164.

32. RÉMY, *Dix ans avec de Gaulle*, Paris, Éd. France-Empire, 1971, p. 338.

33. M. GILBERT, *Winston S. Churchill*, vol. VIII, *op. cit.*, p. 1264.

34. C. MORAN, *Winston S. Churchill, the Struggle for Survival*, *op. cit.*, p. 741.

35. R.R. JAMES, Edit., *Winston S. Churchill, His Complete Speeches*, vol. VIII, *op. cit.*, p. 8687.

36. *Ibid.*, p. 8691.

37. P. GALANTE, *Le Général, les siens, les autres et lui-même*, Paris, Presses de la Cité, 1968, p. 130.

Notes du chapitre X : « L'Allemagne », p. 129

1. R.R. JAMES, Edit., *Winston S. Churchill, His Complete Speeches*, vol. VII, *op. cit.*, p. 1289.

2. W.S. CHURCHILL, *The World Crisis*, vol. I, *op. cit.*, p. 85.

3. *Ibid.*, p. 151-152.

4. *Ibid.*, p. 185.

5. *Ibid.*, p. 456.

6. M. GILBERT, *Winston S. Churchill*, vol. IV, *op. cit.*, p. 66-67.

7. W.S. CHURCHILL, *The World Crisis*, vol. I, *op. cit.*, p. 1402.

8. M. GILBERT, *Winston S. Churchill*, vol. IV, *op. cit.*, p. 277.

9. *Ibid.*, p. 384.

10. *Hansard*, House of Commons, 23 novembre 1932.

11. *Ibid.*, 7 novembre 1933.

12. *Ibid.*, 28 novembre 1934.

13. *Ibid.*, 24/10/1935.

14. *Ibid.*, 5/10/1938.

15. R.R. JAMES, Edit., *Winston S. Churchill, His Complete Speeches*, vol. VI, *op. cit.*, p. 6117.

16. *Hansard*, House of Commons, 8 novembre 1939.

17. J. COLVILLE, *The Fringes of Power*, *op. cit.*, p. 264.

18. *Ibid.*, p. 312-313.

19. *Ibid.*, p. 348.

20. R.R. JAMES, Edit., *Winston S. Churchill, His Complete Speeches*, vol. VI, *op. cit.*, p. 6503.

21. D. REYNOLDS, *In Command of History*, Penguin, Londres, 2004, p. 173.

22. J. HARVEY, Edit., *The War Diaries of Oliver Harvey*, *op. cit.*, p. 304.

23. W.S. CHURCHILL, *The Second World War*, vol. V, *op. cit.*, p. 330.

24. PREM 3/434/4, Record of meeting at the Kremlin, 17/10/1944.

25. M. SOAMES, Edit., *Speaking for themselves, op. cit.*, p. 512.

26. J. COLVILLE, *The fringes of Power, op. cit.*, p. 578.

27. FO 954/20, Top Secret Tel. Nº 363, 05/05/1945.

28. M. GILBERT, *Winston S. Churchill*, vol. VIII, *op. cit.*, p. 31.

29. W.S. CHURCHILL, *The Second World War*, vol. VI, *op. cit.*, p. 545.

30. *Hansard*, House of Commons, 5 juin 1946.

31. M. GILBERT, *Winston S. Churchill*, vol. VIII, *op. cit.*, p. 265.

32. R.R. JAMES, Edit., *Winston S. Churchill, His Complete Speeches*, vol. VII, *op. cit.*, p. 7381.

33. M. GILBERT, *Winston S. Churchill*, vol. VIII, *op. cit.*, p. 431-432.

34. *Hansard*, House of Commons, 28 mars 1950.

35. *Ibid.*, p. 543.

36. CAB 133/135, Commonwealth Prime Ministers' meeting, 08/06/1953.

37. *Hansard*, House of Commons, 14 mars 1955.

38. C. MORAN, *Winston Churchill, the Struggle for Survival, op. cit.*, p. 696.

Notes du chapitre XI : « Hitler », p. 145

1. W.S. CHURCHILL, *The Second World War*, vol. I, *op. cit.*, p. 65.

2. W.S. CHURCHILL, *Great Contemporaries, op. cit.*, p. 204 ; 210.

3. W.S. CHURCHILL, *The Second World War*, vol. I, *op. cit.*, p. 195.

4. R.R. JAMES, Edit., *Winston S. Churchill, His Complete Speeches*, vol. VI, *op. cit.*, p. 6018.

5. *Ibid.*, p. 6091 ; 6094-6095.

6. *Ibid.*, p. 6143.

7. P. REYNAUD, *Au Cœur de la mêlée*, Paris, Flammarion, 1951, p. 770.

8. R.R. JAMES, Edit., *Winston S. Churchill, His Complete Speeches*, vol. VI, *op. cit.*, p. 6276.

9. *Ibid.*, p. 6297.

10. *Ibid.*, p. 6349-6350.

11. PREM 3/187, PM to FDR, T. 123, 29/04/1941.

12. J. COLVILLE, *The Fringes of Power, op. cit.*, p. 412.

13. R.R. JAMES, Edit., *Winston S. Churchill, His Complete Speeches*, vol. VI, *op. cit.*, p. 6630.

14. *New York Times*, 22/1/2006

15. R.R. JAMES, Edit., *Winston S. Churchill, His Complete Speeches*, vol. VII, *op. cit.*, p. 6756.

16. M. GILBERT, *Winston S. Churchill*, vol. VII, *op. cit.*, p. 751.

17. *Hansard*, House of Commons, 28 septembre 1944.

18. A. DANCHEV & D. TODMAN, *War Diaries of Field Marshal Lord Alanbrooke*, *op. cit.*, p. 667.

19. J. COLVILLE, *The Fringes of Power*, *op. cit.,* p. 596.

20. *Ibid.*, p. 648.

Notes du chapitre XII :
« Le communisme et l'Union soviétique », p. 155

1. M. GILBERT, *Winston S. Churchill*, vol. IV, *op. cit.*, p. 227.

2. *Weekly Dispatch,* 22 June 1919.

3. M. GILBERT, *Winston S. Churchill,* vol. IV, *op. cit.,* p. 355-356.

4. *Illustrated Sunday Herald*, 25 janvier 1920.

5. M. GILBERT, *Winston S. Churchill*, vol. IV, *op. cit.*, p. 384-385.

6. W.S. CHURCHILL, *Great Contemporaries*, *op. cit.*, p. 39-40.

7. *Ibid.*, p. 123

8. *Hansard*, House of Commons, 29 juin 1931.

9. W.S. CHURCHILL, *Thoughts and Adventures*, *op. cit.*, p. 279.

10. W.S. CHURCHILL, *Step by Step*, Londres, Thornton Butterworth, 1939, p. 360.

11. M. GILBERT, *Winston S. Churchill*, vol. VI, *op. cit.*, p. 50.

12. PREM 3/230/1, PM to President Roosevelt Tel. n° 3281, 15/06/1941.

13. J. COLVILLE, *The Fringes of Power*, *op. cit.*, p. 404.

14. W.S. CHURCHILL, *The Second World War*, vol. III, *op. cit.*, p. 332-333.

15. M. GILBERT, *Winston S. Churchill*, vol. VI, *op. cit.*, p. 1127-1128.

16. *Ibid.*, p. 1229.

17. W.S. CHURCHILL, *The Second World War*, vol. IV, *op. cit.*, p. 428.

18. D. DILKS, Edit., *Cadogan Diaries*, *op. cit.*, p. 520-521.

19. W.S. CHURCHILL, *The Second World War*, vol. IV, *op. cit.*, p. 679 et 681.

20. F.L. LOEWENHEIM *et al.*, *Roosevelt and Churchill, Their Secret Wartime Correspondance*, N.Y., Dutton, 1975, p. 380.

21. A. BRYANT, *Triumph in the West*, *op. cit.*, p. 140.

22. M. GILBERT, *Winston S. Churchill*, vol. VII, *op. cit.*, p. 730.

23. *Hansard*, House of Commons, 24 mai 1944.

24. *Hansard*, House of Commons, 24 mai 1944.

25. S. MIKOLAYCZYK, *The Pattern of Soviet Domination*, Sampson Low, Marston, 1948, p. 108.

26. J. COLVILLE, *The Fringes of Power*, *op. cit.*, p. 555.

27. *Ibid.*, p. 563.

28. M. GILBERT, *Winston S. Churchill*, vol. VII, *op. cit.*, p. 1245.

29. F.L. LOEWENHEIM *et al.*, *Roosevelt and Churchill*, *op. cit.*, p. 671.

30. A. BRYANT, *Triumph in the West*, *op. cit.*, p. 444.

31. R.R. JAMES, Edit., *Winston S. Churchill, His Complete Speeches*, vol. VII, *op. cit.*, p. 7162.

32. *Ibid.*, p. 7290-7292.

33. M. GILBERT, *Winston S. Churchill*, vol. VIII, *op. cit.*, p. 218-219.

34. *Ibid.*, p. 286.

35. R. R. JAMES, Edit., *Winston S. Churchill, His Complete Speeches*, vol. VII, *op. cit.*, p. 7800.

36. *Hansard*, House of Commons, 30 novembre 1950.

37. M. GILBERT, *Winston S. Churchill*, vol. VIII, *op. cit.*, p. 812-813.

38. C. MORAN, *Winston Churchill, the Struggle for Survival*, *op. cit.*, p. 494.

39. R.R. JAMES, Edit., *Winston S. Churchill, His Complete Speeches*, vol. VIII, *op. cit.*, p. 8694.

Notes du chapitre XIII : « Staline », p. 171

1. PREM 3/170/1, FO tel. n° 278, 03/04/1941.

2. M. GILBERT, *Winston S. Churchill*, vol. VI, *op. cit.*, p. 1229.

3. W.S. CHURCHILL, *The Second World War*, vol. IV, *op. cit.*, p. 432-433.

4. C. MORAN, *Winston Churchill, the Struggle for Survival*, *op. cit.*, p. 60.

5. R.R. JAMES, Edit., *Winston S. Churchill, His Complete Speeches*, vol. VI, *op. cit.*, p. 6674.

6. D. McLACHLAN, *In the chair*, Barrington-Ward of the Times, Londres, Collins, 1971, p. 205.

7. M. GILBERT, *Winston S. Churchill*, vol. VII, *op. cit.*, p. 391.

8. W. AVERELL HARRIMAN & E. ABEL, *Special Envoy to Churchill and Stalin*, *op. cit.*, p. 226.

9. Interview de Lord Mountbatten par l'auteur.

10. PREM 3 399/6, Churchill to Eden, 16/01/1944.

11. C. MORAN, *Winston Churchill, the Struggle for Survival, op. cit.*, p. 190.

12. M. SOAMES, Edit., *Speaking for themselves, op. cit.*, p. 506.

13. *Ibid.*, p. 198.

14. C. DE GAULLE, *Mémoires de Guerre*, t. III, *Le Salut, op. cit.*, p. 52-53.

15. *Hansard*, House of Commons, 27 février 1945.

16. FO 954/20, folio 664, WSC to Premier Stalin, 27/04/1945.

17. C. MORAN, *Winston Churchill, the Struggle for Survival, op.. cit.*, p. 272.

18. M. MUGGERIDGE, *Like it was*, Weidenfeld, Londres, 1981, p. 409.

Notes du chapitre XIV : « Les États-Unis », p. 179

1. R.S. CHURCHILL, *Winston S. Churchill*, Companion vol. I/1, *op. cit.*, p. 597.

2. *Ibid.*, p. 600.

3. *Ibid.*, vol. I/2, *op. cit.*, p. 937.

4. *Boston Globe*, 18 décembre 1900.

5. *Chicago Tribune*, 11 janvier 1901.

6. R.R. JAMES, Edit., *Winston S. Churchill, His Complete Speeches*, vol. I, *op. cit.*, p. 197.

7. M. GILBERT, *Churchill and America*, Free Press, Londres, 2005, p. 57.

8. W.S. CHURCHILL, *The World Crisis*, vol. II, *op. cit.*, p. 1120.

9. *Ibid.*, p. 1143-1144.

10. *Ibid.*, p. 1336-1337.

11. *Ibid.*, p. 1334.

12. W.S. CHURCHILL, *Illustrated Sunday Herald*, 30 novembre 1919.

13. *Ibid.*

14. M. SOAMES, Edit., *Speaking for themselves, op. cit.*, p. 229.

15. R.R. JAMES, Edit., *Winston S. Churchill, His Complete Speeches*, vol. IV, *op. cit.*, p. 608.

16. M. SOAMES, Edit., *Speaking for themselves, op. cit.*, p. 288.

17. *Daily Telegraph*, 9 décembre 1929.

18. *New York Times*, 9 mars 1932.

19. *Evening Standard*, 10 décembre 1937.

20. R.R. JAMES, Edit., *Winston S. Churchill, His Complete Speeches*, vol. IV, *op. cit.*, p. 6016-6017.

21. *Ibid.*, p. 6144.

22. M. GILBERT, *Winston S. Churchill*, vol. VI, *op. cit.*, p. 607.

23. C. DE GAULLE, *Mémoires de Guerre*, t. I, *L'Appel*, *op. cit.*, p. 88.

24. R.R. JAMES, Edit., *Winston S. Churchill, His Complete Speeches*, vol. VI, *op. cit.*, p. 6305.

25. CAB 69/2, Defense Committee n° 16 of 41, 16/04/1941.

26. *Hansard*, House of Commons, 07 mai 1941.

27. M. GILBERT, *Winston S. Churchill*, vol. VI, *op. cit.*, p. 1176.

28. J. COLVILLE, *The Fringes of Power*, *op. cit.*, p. 434.

29. W.S. CHURCHILL, *The Second World War*, vol. III, *op. cit.*, p. 539-540.

30. J.W. WHEELER-BENNETT, *King George VI*, *op. cit.*, p. 535

31. W. HARRIMAN & E. ABEL, *Special Envoy to Churchill and Stalin*, Random House, N.Y., 1975, p. 166.

32. M. CLARK, *Calculated Risk*, *op. cit.*, p. 77.

33. R.R. JAMES, Edit., *Winston S. Churchill, His Complete Speeches*, vol. VI, *op. cit.*, p. 6720.

34. F.L. LOEWENHEIM *et al., Roosevelt and Churchill*, *op. cit.*, p. 311.

35. R.R. JAMES, Edit., *Winston S. Churchill, His Complete Speeches*, vol. VII, *op. cit.*, p. 6775.

36. C. DE GAULLE, *Mémoires de Guerre*, t. III, *Le Salut*, *op. cit.*, p. 53.

37. M. SOAMES, Edit., *Speaking for themselves*, *op. cit.*, p. 523.

38. FO 954/20, PM to AE, tel. n° 363, 5/5/45.

39. R.R. JAMES, Edit., *Winston S. Churchill, His Complete Speeches*, vol. VII, *op. cit.*, p. 7289.

40. *Ibid.*, p. 7630.

41. *Ibid.*, p. 7800.

42. C. MORAN, *Winston Churchill, the Struggle for Survival*, *op. cit.*, p. 369.

43. M. SOAMES, Edit., *Speaking for themselves*, *op. cit.*, p. 579.

44. C. MORAN, *Winston Churchill, the Struggle for Survival*, *op. cit.*, p. 578.

45. M. GILBERT, *Winston S. Churchill*, vol. VIII, *op. cit.*, p. 1119.

Notes du chapitre XV : « Roosevelt », p. 199

1. M. GILBERT, *Churchill and America, op. cit.*, p. 149.

2. K. HALLE, *Winston Churchill on America and Britain*, Walker and Co., N.Y., 1970, p. 48.

3. *Collier's*, 29 décembre 1934 ; également reproduit dans : W.S. Churchill, *Great Contemporaries, op. cit.*, p. 294.

4. W.S. CHURCHILL, *Step by Step, op. cit.*, 1939, p. 329.

5. F.L. LOEWENHEIM *et al., Roosevelt and Churchill, op. cit.*, p. 90.

6. *Ibid.*, p. 104.

7. *Ibid.*, p. 122-125.

8. W. HARRIMAN & E. ABEL, *Special Envoy to Churchill and Stalin, op. cit.*, p. 75.

9. M. GILBERT, *Winston S. Churchill*, vol. VI, *op. cit.*, p. 1176-1177.

10. CAB 65/24, nº 112 (41), Confidential Annex, 12/11/1941.

11. F.L. LOEWENHEIM *et al., Roosevelt and Churchill, op. cit.*, p. 169.

12. W. HARRIMANN & E. ABEL, *Special Envoy to Churchill and Stalin, op. cit.*, p. 172.

13. K. PENDAR, *Adventure in Diplomacy, op. cit.*, p. 151-152.

14. PREM 3 121/1, Circular signed WSC, 12/06/1943.

15. C. MORAN, *Winston Churchill, the Struggle for Survival, op. cit.*, p. 136.

16. *Ibid.*, p. 140.

17. M. GILBERT, *Winston S. Churchill*, vol. VII, *op. cit.*, p. 646.

18. J.M. BLUM, *From the Morgenthau Diaries, 1941-1945*, Boston, Houghton Mifflin, 1967, p. 337.

19. C. DE GAULLE, *Mémoires de Guerre*, t. III, *Le Salut, op. cit.*, p. 53.

20. C. MORAN, *Winston Churchill, the Struggle for Survival, op. cit.*, p. 230.

21. W.S. CHURCHILL, *The Second World War*, vol. VI, *op. cit.*, p. 348.

22. F.L. LOEWENHEIM *et al., Roosevelt and Churchill, op. cit.*, p. 678.

23. M. SOAMES, Edit., *Speaking for themselves, op. cit.*, p. 522.

24. W.H. THOMPSON, *I was Churchill's Shadow, op. cit.*, 1951, p. 153.

Notes du chapitre XVI : « L'alcool », p. 209

1. W.S. CHURCHILL, *My Early Life*, op. cit., p. 137.

2. *Ibid.*

3. W.S. CHURCHILL, *The Story of the Malakand Field Force*, Londres, Longmans, 1898, p. 132.

4. W.S. CHURCHILL, *My Early Life*, op. cit., p. 360.

5. W.S. CHURCHILL, *Thoughts and Adventures*, op. cit., p. 104-105.

6. *Hansard*, House of Commons, 28 avril 1925.

7. *New York Times*, 8 septembre 1929.

8. M. SOAMES, Edit., *Speaking for themselves*, op. cit., p. 405.

9. L. MONTGOMERY, *Memoirs*, Londres, Collins, 1958, p. 69.

10. J. COLVILLE, *The Fringes of Power*, op. cit., p. 234.

11. Interview de l'amiral Mountbatten par l'auteur.

12. J. KENNEDY, *The Business of War*, op. cit., p. 77.

13. W.H. THOMPSON, *I was Churchill's Shadow*, op. cit., p. 68.

14. M. GILBERT, *Winston S. Churchill*, vol. VI, op. cit., p. 1201.

15. W.H. THOMPSON, *I was Churchill's Shadow*, op. cit., p. 176.

16. W.S. CHURCHILL, *The Second World War*, vol. 4, op. cit., p. 446.

17. H. GIRAUD, *Un seul But, la Victoire*, Paris, Julliard, 1949, p. 91.

18. R.M. LANGWORTH, *Churchill by himself*, op.cit., p. 536

19. M. POTTER, Edit., *Champion Redoubtable*, Londres, Weidenfeld, 1998, p. 319.

20. V. BONHAM CARTER, *Winston Churchill as I knew him*, op. cit., p. 135.

21. W.S. CHURCHILL, *The Second World War*, vol. VI, op. cit., p. 348.

22. *Ibid.*, p. 638.

23. R. BOOTHBY, *Recollections of a Rebel*, op. cit., p. 60

24. N. McGOWAN, *My Years with Churchill*, Londres, Pan Books, 1958, p. 110.

25. LORD ISMAY, *The Memoirs of General Lord Ismay*, op.cit., p. 457

26. C. MORAN, *Winston Churchill, the Struggle for Survival*, op. cit., p. 444.

Notes du chapitre XVII : « L'humour », p. 217

1. V. COWLES, *Winston Churchill, The Era and the man*, New York City, The Universal Library, 1953, p. 287.

2. K. HALLE, *Irrepressible Churchill, op. cit.*, p. 40.

3. C. VANDERBILT BALSAN, *The Glitter and the Gold*, Londres, Heinemann, 1953, p. 162.

4. *Hansard*, House of Commons, 27 novembre 1914.

5. M. SOAMES, Edit., *Speaking for themselves, op. cit.*, p. 206.

6. K. HALLE, *Irrepressible Churchill, op. cit.*, p. 77.

7. W.S. CHURCHILL, *While England slept, op. cit.*, p. 150.

8. K. HALLE, *Irrepressible Churchill, op. cit.*, p. 225.

9. *Hansard*, House of Commons, 29 avril 1931.

10. K. HALLE, *Irrepressible Churchill, op. cit.*, p. 103.

11. Interview de Lord Mountbatten par l'auteur.

12. K. HALLE, *Irrepressible Churchill, op. cit.*, p. 98.

13. *Ibid.*, p. 110.

14. A.L. ROWSE, *Appeasement*, N.Y., Norton, 1961, p. 103.

15. P. MOIR, *I was Winston Churchill's Private Secretary*, Londres, W. Funk, 1941, p. 76.

16. J. COLVILLE, *The Fringes of Power, op. cit.*, p. 43.

17. N. McGOWAN, *My Years with Churchill, op. cit.*, p. 140.

18. E. NEL, *Mr. Churchill's Secretary*, Londres, Hodder & Stoughton, 1958, p. 75.

19. K. HALLE, *Irrepressible Churchill, op.cit.*, p. 131

20. J. COLVILLE, *The Fringes of Power, op. cit.*, p. 284.

21. J. KENNEDY, *The Business of War, op. cit.*, p. 80.

22. W.S. CHURCHILL, *The Second World War*, vol. III, *op. cit.*, p. 543

23. *Ibid.*, p. 556

24. G. PAWLE, *The War and Colonel Warden, op. cit.*, p. 150, qui préfère la version : « Je n'ai rien à cacher au président des États-Unis. »

25. W.H. THOMPSON, *I was Churchill's Shadow, op. cit.*, p. 84.

26. Interview de Lord Mountbatten par l'auteur.

27. P. ZIEGLER, *Mountbatten, op. cit.*, p. 549.

28. N. McGOWAN, *My Years with Churchill, op. cit.*, p. 20.

29. *Ibid.*, p. 38.

30. *Hansard*, House of Commons, 18 mars 1945.

31. *Hansard*, House of Commons, 1er mai 1945.

32. Interview de sir John Colville par l'auteur. Sir John nous a fait remarquer à cette occasion que Churchill refusait d'endosser la paternité de ces phrases en public, mais qu'il refusait également de la désavouer en privé.

33. R.R. JAMES, Edit., *Winston S. Churchill, His Complete Speeches*, vol. VII, *op. cit.*, p. 7283-7284.

34. *Hansard*, House of Commons, 18 avril 1947.

35. C. MORAN, *Winston Churchill, the Struggle for Survival*, *op. cit.*, p. 326.

36. N. McGOWAN, *My Years with Churchill*, *op. cit.*, p. 74.

37. R.R. JAMES, Edit., *Winston S. Churchill, His Complete Speeches*, vol. VIII, *op. cit.*, p. 8223.

38. K. HALLE, *Irrepressible Churchill*, *op. cit.*, p. 279.

39. N. McGOWAN, *My Years with Churchill*, *op. cit.*, p. 134.

40. Interview de Lady Diana Cooper par l'auteur.

41. K. HALLE, *Irrepressible Churchill*, *op. cit.*, p. 287.

42. F. KERSAUDY, *Churchill et Monaco*, Monaco, Éditions du Rocher, 2002, p. 86.

Notes du chapitre XVIII : « Les femmes », p. 229

1. R.S. CHURCHILL, *Winston S. Churchill*, vol. I, *op. cit.*, p. 296.

2. *Ibid.*, p. 337.

3. *Ibid.*, Companion, vol. I/2, p. 828.

4. R.S. CHURCHILL, *Winston S. Churchill*, vol. I, *op. cit.*, p. 425.

5. W.S. CHURCHILL, *Savrola*, Londres, Longmans, 1900. Traduction française : Monaco, Éditions du Rocher, 1948, p. 163.

6. R.R. JAMES, Edit., *Winston S. Churchill, His Complete Speeches*, vol. I, *op. cit.*, p. 544.

7. *Ibid.*, p. 1004.

8. M. SOAMES, Edit., *Speaking for themselves*, *op. cit.*, p. 13.

9. K. HALLE, *Irrepressible Churchill*, *op. cit.*, p. 51.

10. R.S. CHURCHILL, *Winston S. Churchill*, vol. II, *op. cit.*, p. 402-403.

11. W. HARRIMAN & E. ABEL, *Special Envoy to Churchill and Stalin*, *op. cit.*, p. 29.

12. *Ibid.*, p. 222.

13. R. R. JAMES, Edit., *Winston S. Churchill, His Complete Speeches*, vol. VII, *op. cit.*, p. 7631.

14. *Hansard*, House of Commons, 6 novembre 1950.

15. N. McGOWAN, *My Years with Churchill, op. cit.*, p. 142.

16. R BOOTHBY, *Recollections of a Rebel, op. cit.*, p. 65.

Notes du chapitre XIX : « L'éloquence », p. 237

1. W.S. CHURCHILL, *My Early Life, op. cit.*, p. 118.

2. R.S. CHURCHILL, *Winston S. Churchill*, Companion vol. I/2, *op. cit.*, p. 817-818.

3. *Ibid.*, vol. I, *op. cit.*, p. 396.

4. W.S. CHURCHILL, *My Early Life, op. cit.*, p. 219.

5. R.S. CHURCHILL, *Winston S. Churchill*, Companion vol. I/2, *op. cit.*, p. 933.

6. *Ibid.*, vol. I, *op. cit.*, p. 448.

7. W.S. CHURCHILL, *My Early Life, op. cit.*, p. 379-380.

8. W.S. CHURCHILL, *Savrola, op. cit.*, p. 59.

9. *Hansard*, House of Commons, 20 décembre 1912.

10. M. SOAMES, Edit., *Speaking for themselves, op. cit.*, p. 254.

11. *Hansard*, House of Commons, 28 mai 1925.

12. K. HALLE, *Irrepressible Churchill, op. cit.*, p. 103.

13. *Hansard*, House of Commons, 23 mars 1933.

14. W.S. CHURCHILL, *While England slept, op. cit.*, p. 130.

15. M. SOAMES, Edit., *Speaking for themselves, op. cit.*, p. 399.

16. *Hansard*, House of Commons, 12 novembre 1936.

17. M. GILBERT, *Winston S. Churchill*, vol. VIII, *op. cit.*, p. 1291.

18. J. COLVILLE, *The Fringes of Power, op. cit.*, p. 157.

19. L. ISMAY, *The Memoirs of General Lord Ismay, op. cit.*, p. 169-170.

20. K. HALLE, *Irrepressible Churchill, op. cit.*, p. 154.

21. R.R. JAMES, Edit., *Winston S. Churchill, His Complete Speeches*, vol. VII, *op. cit.*, p. 6821.

22. Interview de lord Mountbatten par l'auteur.

23. C. MORAN, *Winston Churchill, the Struggle for Survival, op. cit.*, p. 429.

24. R.R. JAMES, Edit., *Winston S. Churchill, His Complete Speeches*, vol. VIII, *op. cit.*, p. 8608.

Notes du chapitre XX : « L'histoire », p. 247

1. W.S. CHURCHILL, *My Early Life, op. cit.*, p. 119.
2. R.S. CHURCHILL, *Winston S. Churchill*, Companion vol. I/2, *op. cit.*, p. 835.
3. M. GILBERT, *In search of Churchill*, *op.cit.*, p. 84
4. R.S. CHURCHILL, *Winston S. Churchill*, Companion vol. II, *op. cit.*, p. 307.
5. M. GILBERT, *Winston S. Churchill*, vol. III, *op. cit.*, p. 246.
6. *Ibid.*, p. 517.
7. W.S. CHURCHILL, *The World Crisis*, vol. I, *op. cit.*, p. 322.
8. M. GILBERT, *Winston S. Churchill*, vol. VI, *op. cit.*, p. 995, note 1.
9. *Hansard*, House of Commons, 2 mai 1935.
10. *Ibid.*, 26 mars 1936.
11. M. MacDONALD, *Titans and Others*, Londres, Collins, 1972, p. 89.
12. M. GILBERT, *Winston S. Churchill*, vol. V, *op. cit.*, p. 886.
13. W.S. CHURCHILL, *The Second World War*, vol. II, *op. cit.*, p. 46.
14. LISMAY, *The Memoirs of General Lord Ismay, op. cit.*, p. 142.
15. J. WHEELER-BENNETT, Edit., *Action This Day*, N.Y., St. Martin's Press, 1969, p. 155.
16. R.R. JAMES, Edit., *Winston S. Churchill, His Complete Speeches*, vol. VI, *op. cit.*, p. 6276.
17. *Hansard*, House of Commons, 12 novembre 1940.
18. J. COLVILLE, *The Fringes of Power, op. cit.*, p. 346.
19. K. HALLE, *Irrepressible Churchill, op. cit.*, p. 230.
20. R. BOOTHBY, *Recollections of a Rebel, op. cit.*, p. 184.
21. R.M. LANGWORTH, *Churchill by himself, op. cit.*, p. 25
22. M. GILBERT, *Winston S. Churchill*, vol. VIII, *op. cit.*, p. 459.
23. R.R. JAMES, *Complete Speeches*, vol. VIII, *op.cit.*, p. 8323
24. J. COLVILLE, *The Fringes of Power, op. cit.*, p. 658.
25. M. GILBERT, *Winston S. Churchill*, vol. VIII, *op. cit.*, p. 989.

Notes du chapitre XXI : « La mort », p. 255

1. W.S. CHURCHILL, *My Early Life, op. cit.*, p. 45.
2. R.S. CHURCHILL, *Winston S. Churchill*, vol. I, *op. cit.*, p. 385.
3. *Ibid.*, Companion vol. I/2, p. 965.
4. *Ibid.*, p. 405-406.

5. W.S. CHURCHILL, *Savrola*, *op. cit.*, p. 59 et 127.

6. V. BONHAM CARTER, *Winston Churchill as I knew him*, *op. cit.*, p. 187.

7. R.S. CHURCHILL, *Winston S. Churchill*, vol. II, *op. cit.*, p. 701.

8. M. GILBERT, *Winston S. Churchill*, vol. III, *op. cit.*, p. 55.

9. M. SOAMES, Edit., *Speaking for themselves*, *op. cit.*, p. 111.

10. V. BONHAM CARTER, *Winston Churchill as I knew him*, *op. cit.*, p. 361.

11. M. SOAMES, Edit., *Speaking for themselves*, *op. cit.*, p. 191.

12. *Ibid.*, p. 205.

13. M. GILBERT, *Winston S. Churchill*, vol. V, *op. cit.*, p. 422-423.

14. W.S. CHURCHILL, *The Second World War*, vol. I, *op. cit.*, p. 155.

15. M. SOAMES, Edit., *Speaking for themselves*, *op. cit.*, p. 426.

16. D. REYNOLDS, *In Command of History*, *op. cit.*, p. 525.

17. M. GILBERT, *Winston S. Churchill*, vol. VI, *op. cit.*, p. 914.

18. J. COLVILLE, *The Fringes of Power*, *op. cit.*, p. 341.

19. A. EDEN, *Memoirs, the Reckoning*, Londres, Casell, 1964, p. 333.

20. M. GILBERT, *Winston S. Churchill*, vol. VII, *op. cit.*, p. 335.

21. S. CHURCHILL, *A Thread in the Tapestry*, Londres, André Deutsch, 1967, p. 69.

22. N. McGOWAN, *My Years with Churchill*, *op. cit.*, p. 87.

23. *Ibid.*, p. 88.

24. C. MORAN, *Winston Churchill, the Struggle for Survival*, *op. cit.*, p. 372.

25. A. MONTAGUE BROWN, *Long Sunset*, *op. cit.*, p. 156.

26. C. MORAN, *Winston Churchill, the Struggle for Survival*, *op. cit.*, p. 597.

27. H. MACMILLAN, *Tides of Fortune*, Londres, Macmillan, 1973, p. 540.

28. A. MONTAGUE BROWN, *Long Sunset*, *op. cit.*, p. 204.

29. C. MORAN, *Winston Churchill, the Struggle for Survival*, *op. cit.*, p. 659.

30. A. MONTAGUE BROWN, *Long Sunset*, *op. cit.*, p. 312.

31. K. HALLE, *Irrepressible Churchill*, *op. cit.*, p. 293.

32. R. BOOTHBY, *Recollections of a Rebel*, *op. cit.*, p. 65.

Notes de l'Épilogue, p. 265

1. W. EVANS, *My Mountbatten Years*, Londres, Headline, 1989, p. 141.

TABLE DES MATIÈRES

G. LENOTRE, *Vieilles maisons, vieux papiers*, Tome 3

G. LENOTRE, *Vieilles maisons, vieux papiers*, Tome 4

G. LENOTRE, *Vieilles maisons, vieux papiers*, Tome 5

Pierre MARAVAL, *Constantin le Grand. Empereur romain, empereur chrétien*

Pierre MIQUEL, *« Je fais la guerre », Clemenceau le Père la Victoire*

Pierre MIQUEL, *Les Oubliés de la Somme*

Ralf OGORRECK, *Les Einsatzgruppen*

Joseph PÉREZ, *Brève Histoire de l'Inquisition en Espagne*

Régine PERNOUD, *Les Hommes de la Croisade*

Michaël PRAZAN, *Le Massacre de Nankin. 1937, le crime contre l'humanité de l'armée japonaise*

Claude QUETEL, *L'Histoire Véritable de la Bastille*

Steven RUNCIMAN, *Histoire des Croisades, 1095-1188*, Tome 1

Steven RUNCIMAN, *Histoire des Croisades, 1188-1464,* Tome 2

Charles-Auguste SAINTE-BEUVE, *Quelques figures de l'Histoire*

Frédéric SALAT-BAROUX, *De Gaulle-Pétain*

Jacques SAPIR, Frank STORA, Loïc MAHÉ, *1940. Et si la France avait continué la guerre…*

Gitta SERENY, *Au fond des Ténèbres*

Avrom SUTZKEVER, *Le Ghetto de Wilno*

Hugh TREVOR-ROPER, *Les Derniers Jours de Hitler*

Rudolf VON GERSDORFF, *Tuer Hitler. Confession d'un officier allemand antinazi*

Alexander WERTH, *Leningrad, 1943*

Cet ouvrage a été composé par IGS-CP
à L'Isle-d'Espagnac (16)

Achevé d'imprimer en avril 2014
dans les ateliers de Normandie Roto Impression s.a.s.
61250 Lonrai
N° d'impression : 1401358
Dépôt légal : mai 2014
ISBN : 979-10-210-0511-2
Numéro d'édition : 3689
Imprimé en France